초보자도 쉽게 배울 수 있는!!

기초 러시아어 會話

編輯部 編

＊초보자를 위한 기초 러시아어 회화!!

쉽게 정복하는 러시아어 회화!!
러시아어 회화를 위한 기초문법/기초 러시아어 회화

太乙出版社

• 초보자도 쉽게 배울 수 있는

기초 러시아語會話

編輯部 編

太乙出版社

첫머리에 *

러시아어 회화 초보자를 위하여

그동안 철의 장막으로 둘러쳐진 대표적인 나라로만 우리의 기억 속에 남아있던 소련은 최근 들어 적극적인 북방정책을 표방하는 정부 당국의 정책에 힘입어 상당히 관심적인 나라가 되었다.

경제협력 사절단이 소련으로 파견되는가 하면, 정치 지도자들이 소련을 방문하여 상호 협력 관계 개선을 도모하고 있는 것도 요즈음의 두드러진 국내 정치상황변화의 하나라고 할 수 있을 것이다.

여기에 발맞추어 대다수 국민들의 러시아어에 대한 관심도 부쩍 늘어나고 있다. 그러나 그동안 소외되어 온 탓으로 국내에는 아직 이렇다 할「러시아어 교본」이나 「기초 러시아어 회화」에 관한 책자가 발행되어지지 않고있는 현실이었다.

흔히 현대를 4대 초강국시대라고 하는데 그 중에는 당연히 소련이라는 거대한 나라도 포함되어있다. 미국, 일본에 이어 소련이라는 나라는 중국과 더불어 북방진영으로서는 무시못할 파워를 세계 속에 과시하고 있는 것이다.

이러한 추세 속에서 우리 정부가 온국민이 바라고 기다

려 왔던 민주화와 더불어 북방정책을 적극적으로 추진하기 시작했다는 점은 참으로 잘한 일이라는 생각도 든다.

그 나라를 알기 위해서는 먼저 그 나라의 언어를 알지 않으면 안된다는 것 쯤은 누구라도 이해할 수 있을 것이다. 소련이라는 나라와 국가적으로 혹은 민간 차원에서의 교류를 위해서는 무엇보다도 먼저 그 나라의 언어를 익히지 않으면 안될 것이다. 교류는 의사의 소통을 전제로 하는 만남이다. 의사(意思)의 소통은 언어의 소통에서부터 비롯된다. 그러므로 언어를 모르면 결코 그 나라와는 교류를 할 수가 없게 되는 것이다.

최근에 나라에서는 소련의 광대한 시베리아에 우리나라 경제 및 자본의 투자를 시도하고 있다는 신문기사를 접하고 있다. 만약 우리나라 기업들이 소련으로 진출하여 자본 투자를 시작하게 된다면 우선적으로 필요한 인력은 바로 러시아어를 잘 구사할 줄 아는 사람이 될 것이다.

지금까지는 러시아어를 마스터한 사람들이 그다지 많지 않다고 하지만, 차츰 관심을 가진 사람들이 많이 불어나게 되고 또한 나라에서도 적극적으로 러시아어 교육에 힘을 쓰게 된다면 보다 훌륭한 인력이 양성되리라 믿어진다.

정치 및 경제의 대국으로 우리나라가 진출하여 그들과 정치 및 경제적인 교류를 원만히 해낼 수 있다면 우리나라를 부강하게 만드는데는 상당한 도움이 되리라고 생각한다. 그리고 그렇게 되기를 갈망하는 작은 애국의 충정에서 보다 많은 독자들에게 러시아어에 대한 관심을 고취시키고, 나아가 러시아어를 익히는데 일조를 하고자 이 책을 기획하여 제작하게 된 것이다.

처음부터 어려운 학문 속으로 선뜻 뛰어든다는 것은 여간 무리가 아니라고 믿어지기에 가장 쉬우면서도 누구나 관심을 가지고 가까이 접근할 수 있도록 기초적인 사항들만 모아서 엮은 「기초 회화」책이므로 큰 부담감 없이 펼쳐 들고 공부할 수가 있을 것이다.

아울러 이 책을 통하여 단순히 "러시아어"만을 익힌다고 생각하지 말고 러시아의 모든 것을 배우고 익힌다는 생각으로 관심을 가져주기 바란다. 또한 이 책이 독자 여러분의 러시아어 공부에 작은 도움이라도 된다면 더없는 다행이라 생각한다.

편저자 씀.

차 례

첫머리에 / 러시아어 회화 초보자를 위하여 ············ 5

제1장 / 러시아어 회화를 위한 기초 문법

인쇄체의 대·소문자 ································· 16
필기체의 대·소문자 ································· 17
명사 변화 ··· 18
형용사 변화 ··· 19
수사(數詞) ·· 21
단어 ··· 23

제2장 / 기초 러시아어 회화

1. 이것은 무엇입니까 ······························· 26
2. 이것들은 누구의 물건입니까 ···················· 28
3. 이름이 무엇입니까 ······························· 30
4. 그건 제 이름입니다 ······························ 32
5. 결혼하셨습니까 ·································· 34
6. 저는 끈질긴 성격을 가졌습니다 ················· 36
7. 아이들이 있습니까 ······························· 38
8. 누가 더 예쁩니까 ································ 40
9. 해야 할 필요가 있다 ····························· 42

10. 안녕하세요 …………………………………44
11. 인사하고 싶습니다…………………………46
12. 죄송합니다…………………………………48
13. 신년을 경축합니다…………………………50
14. 생일을 축하합니다…………………………52
15. ~을 ~만큼 ………………………………… 54
16. 날씨가 어떻습니까…………………………56
17. 당신은 몇 살입니까 ……………………… 58
18. 그는 당신보다 5살이 많습니다……………60
19. 그것은 이것에 달려 있습니다 …………… 62
20. 오늘은 무슨 요일입니까 ………………… 64
21. 수요일에……………………………………66
22. 오늘은 며칠입니까…………………………68
23. 10월에………………………………………70
24. 그는 어디에서 태어났습니까 …………… 72
25. 몇 시입니까 ……………………………… 74
26. 4시입니다 ………………………………… 76
27. 사과 몇 개를 가졌니? …………………… 78
28. 사전없이 공부하니? ……………………… 80
29. 방해해서 죄송합니다………………………82
30. 제 일을 도와주시겠습니까 ……………… 84
31. 집은 몇 층 건물입니까……………………86

32. 죄송합니다. 들어가도 될까요 ············· 88
33. 추운 날씨에도 불구하고 ················ 90
34. 나는 산책하러 가려던 참이다 ············ 92
35. 누가 창문을 열었습니까 ················ 94
36. 어느 계절을 좋아하십니까 ·············· 96
37. 늦게 도착했구나 ······················· 98
38. 저를 얼마나 오래 기다리셨습니까 ········100
39. 나는 러시아어를 공부합니다 ············ 102
40. 나는 러시아어로 말합니다 ·············· 104
41. 박물관이 마음에 드세요 ················ 106
42. 우리의 만남을 위해 ···················· 108
43. 당신은 학생입니까 아니면 직장인입니까 ······ 110
44. 저는 직업기술학교를 졸업했습니다 ········· 112
45. 그는 직업이 무엇입니까 ················ 114
46. 당신을 좋아하지 않습니다 ·············· 116
47. 여기서 담배를 피워도 됩니까 ············118
48. 그의 가족은 몇 명입니까 ··············· 120
49. 저는 차를 갈아타야만 합니다 ············122
50. 지하철을 이용합니다 ·················· 124
51. 비행기를 타 보셨습니까 ················ 126
52. 기차를 타고 갑니다 ···················· 128
53. 경기장으로 갑시다 ···················· 130

54. 어디에서 제가 내려야 합니까······················132
55. 은행은 어디에 있습니까······················· 134
56. 우체국은 어떻게 갑니까······················· 136
57. 저도 그리로 가려던 참입니다·····················138
58. 자주 편지 하십니까···························· 140
59. 왜 편지에 답하지 않았니? ···················· 142
60. 주소를 어떻게 썼습니까······················ 144
61. 편지의 견본 ·································· 146
62. 우체국에서 ·································· 148
63. 당신은 전화를 자주 하십니까···················150
64. 까쨔 좀 바꿔 주십시오 ························ 152
65. 제가 집에 없다고 말해 주십시오 ············· 154
66. 전화가 잘 안됩니다···························156
67. 여보세요 ···································· 158
68. 여행을 좋아하십니까 ························ 160
69. 혼자 아니면 가족들과·······················162
70. 내일 시간 있으세요···························164
71. 당신께 실례해도 될까요······················· 166
72. 아닐 것 같습니다····························168
73. 언제 일어나십니까 ··························· 170
74. 제가 좋아하는 스포츠 종류는 테니스입니다···172
75. 아무것도 아닙니다 ···························· 174

76. 저는 축구선수가 되는 걸 꿈꿉니다 ………… 176
77. 기타 칠 줄 아세요 …………………… 178
78. 어떤 프로그램들을 좋아하십니까 ………… 180
79. TV를 켜 주십시요 …………………… 182
80. 가져가도 됩니까 ……………………… 184
81. 그 누가 그걸 싫어하겠습니까………………186
82. 어떤 영화가 상영됩니까 ……………………188
83. 내일 극장 갑시다…………………………190
84. 몇 시에 시작됩니까…………………………192
85. 지루하십니까 ………………………… 194
86. 정말 예쁜 신발이로군…………………… 196
87. 푸른 색이 당신에게 어울립니다……………198
88. 이 치마를 보여 주세요 ………………… 200
89. 제게는 비싼 값이군요…………………… 202
90. 치즈는 어디서 살 수 있습니까 ……………… 204
91. 달걀은 어디에서 팝니까 ……………………206
92. 맛있게 드십시오 ………………………… 208
93. 난 배가 고팠습니다…………………………210
94. 벌써 점심 드셨어요? ……………………… 212
95. 여기는 메뉴 선택이 다양합니다………………214
96. 저는 차를 마시겠습니다 ……………………216
97. 호텔에서 ………………………………… 218

98. 의사가 방문해서 ····································· 220
99. 치과에서 ·· 222
100. 이발소에서 ·· 224
101. 머리를 퍼머하고 싶습니다 ······················ 226
102. 충고 좀 해주십시오 ······························ 228
103. 올림픽은 어디에서 열립니까 ···················· 230
104. 상징이 무엇입니까 ································ 232
105. 잘 오셨습니다 ····································· 234
106. 소련의 면적은 얼마입니까 ······················· 236
107. 저는 러시아 그림을 좋아합니다 ················· 238
108. 당신은 신을 믿습니까 ··························· 240
109. 이 경기장은 시설이 좋습니다 ··················· 242
110. 어느 팀이 이겼습니까 ··························· 244
111. 경주를 여행해 보셨습니까 ······················· 246
112. 저는 뭔가 기념될만한 것을 사고 싶습니다 ··· 248
113. 언제 귀국하십니까 ······························· 250

제 1 장

러시아어 회화를 위한
기초 문법

인쇄체의 대·소문자

А а 아	Б б 베	В в 붸
Г г 게	Д д 데	Е е 예
Ё ё 요	Ж ж 줴	З з 제
И и 이	Й й 이 끄라뜨꼬예	К к 까
Л л 엘	М м 엠	Н н 엔
О о 오	П п 뻬	Р р 에르
С с 에쓰	Т т 떼	У у 우
Ф ф 에프	Х х 하	Ц ц 쩨
Ч ч 체	Ш ш 샤	Щ щ 쉬차
Ъ ъ 뜨뵤르디즈낙 (경음부)	Ы ы 의	Ь ь 먀흐끼 즈낙 (연음부)
Э э 에	Ю ю 유	Я я 야

필기체의 대·소문자

Aa 아	$Бб$ 베	$Вв$ 붸
$Гг$ 게	$Дд$ 데	Ee 예
$Ёё$ 요	$Жж$ 줴	$Зз$ 제
$Ии$ 이	$Йй$ 이 끄라뜨꼬예	$Кк$ 까
$Лл$ 엘	$Мм$ 엠	$Нн$ 엔
Oo 오	$Пп$ 뻬	$Рр$ 에르
Cc 에쓰	$Тт$ 떼	$Уу$ 우
$Фф$ 에프	$Хх$ 하	$Цц$ 쩨
$Чч$ 체	$Шш$ 샤	$Щщ$ 쉬차
$Ъъ$ 뜨뵤르딕 즈낙 (경음부)	$Ыы$ 의	$Ьь$ 마흐끼 즈낙 (연음부)
$Ээ$ 에	$Юю$ 유	$Яя$ 야

명사 변화

		여성	남성	중성
단수	주격	—а (я)	—.	—о
	생격	—ы (и)	—у	—а
	여격	—е	—.	—у
	대격	—у (ю)	—. 혹은—а.	—о
	조격	—ой(ей)	—ом(ем)	—ом
	전치격	—е	—е	—е

		여성	남성	중성
복수	주격	—ы	—ы	—а
	생격	—.	—ов	—.
	여격	—ам	—ам	—ам
	대격	—ы	—ы 혹은—ов	—а
	조격	—ами	—ами	—ами
	전치격	—ах	—ах	—ах

※ 남성 명사 대격에서 생체 명사일 경우는 주격 대신 생격을 사용한다.

ex)) я жду брата.

형용사 변화

		남성	여성	중성
단수	주격	-ый (-ой, ий)	-ая (-яя)	-ое (-ее)
	생격	-ого (-его)	-ой (-ей)	-ого (-его)
	여격	-ому (-ему)	-ой (-ей)	-ому (-ему)
	대격	-ый 또는 -ого	-ую (-юю)	-ое (-ее)
	조격	-ым (-им)	-ой (-ей)	-ым (-им)
	전치격	-ом (-ем)	-ой (-ей)	-ом (-ем)

		남성 · 여성 · 중성
복수	주격	-ые (-ие)
	생격	-ых (-их)
	여격	-ым (-им)
	대격	-ые (-ие) 또는 -ых (-их)
	조격	-ыми (-ими)
	전치격	-ых (-их)

인칭대명사

		1인칭	2인칭	3인칭	
단수	주격	я	ты	он, оно	она
	생격	меня	тебя	его	её
	여격	мне	тебе	ему	ей
	대격	меня	тебя	его	её
	조격	мной	тобой	им	ей
	전치격	мне	тебе	о нём	о ней

복수	주격	мы	вы	они
	생격	нас	вас	их
	여격	нам	вам	им
	대격	нас	вас	их
	조격	нами	вами	ими
	전치격	нас	вас	о них

※ ты는 '너', вы는 '당신'이라는 존칭의 의미와, 복수 '당신들'로 동시에 쓰이며, 윗사람일지라도 친근감을 표현할 땐 ты를 사용한다.

※ 3인칭 대명사가 전치사와 함께 쓰일 땐 H이 첨가된다.

수사

개수사	순서 수사
1. один, одна, одно	первый
2. два, две, два	второй
3. три	третий
4. четыре	четвёртый
5. пять	пятый
6. шесть	шестой
7. семь	седьмой
8. восемь	восьмой
9. девять	девятый
10. десять	десятый
11. одиннадцать	одиннадцатый
12. двенадцать	двенадцатый
13. тринадцать	тринадцатый
14. четырнадцать	четырнадцатый
15. пятнадцать	пятнадцатый
16. шестнадцать	шестнадцатый
17. семнадцать	семнадцатый
18. восемнадцать	восемнадцатый
19. девятнадцать	девятнадцатый
20. двадцать	двадцатый
21. двадцать один, одна, одно;	двадцать первый
30. тридцать	тридцатый
40. сорок	сороковой
50. пятьдесят	пятидесятый
60. шестьдесят	шестидесятый
70. семьдесят	семидесятый

80.	восемьдесят	восьмидесятый
90.	девяносто	девяностый
100.	сто	сотый
101.	сто один	сто первый
200.	двести	двухсотый
300.	триста	трёхсотый
400.	четыреста	четырёхсотый
500.	пятьсот	пятисотый
600.	шестьсот	шестисотый
700.	семьсот	семисотый
800.	восемьсот	восьмисотый
900.	девятьсот	девятисотый
1,000.	тысяча	тысячный
2,000.	две тысячи	двухтысячный
5,000.	пять тысяч	пятитысячный
10,000.	десять тысяч	десятитысячный
100,000.	сто тысядч	сто тысячный
1000,000.	миллион	миллионный
2,000,000.	два миллиона	двухмиллионный
1,000,000,000.	миллиард 혹은 биллион	миллиардный 혹은 биллионнный

※ 명사의 경우 2, 3, 4 다음에 단수생격, 5 이상 다음엔 복수생격이 온다.
  ex) два стола, две школы
      пять столов, пять школ
※ 형용사의 경우 수사 2 이상 다음엔 복수 생격이 온다.
  ex) два новых стола.

단어

—요일— понедельник 월요일
вторник 화
среда 수
четверг 목
пятница 금
суббота 토
воскресенье 일

요일은 전치사 в 와 대격으로 때를 나타낸다.

(～요일에)

ex) в понедельник в субботу (

—달— январь 1월
февраль 2월
март 3월
апрель 4월
май 5월
июнь 6월
июль 7월
август 8월
сентябрь 9월
октябрь 10월
ноябрь 11월
декабрь 12월

달은 전치사 в 와 전치격으로 때를 나타낸다.
(～월에)
ex) в январе в августе

방향　　　восток　　　　동
　　　　 запад　　　　 서
　　　　 юг　　　　　　남
　　　　 север　　　　 북

—계절—　весна　　　　봄
　　　　 лето　　　　 여름
　　　　 осень　　　　가을
　　　　 зима　　　　 겨울
　　　　 계절은 조격을 사용해서 때를 나타낸다.
　　　　 (~계절에)

　　ex) весной, летом, осенью, зийой

—호칭—　мать　어머니　　　отец　아버지
(가족관계) сестра　누이　　　брат　형
　　　： старший брат　형　младший брат　아우
　　　　старшая сестра　누나　младшая сестра　여동생
　　　　бабушка　할머니　дедушка　할아버지
　　　　тётя　아주머니　　 дядя　아저씨
　　　　племянница　조카딸　племянник　조카
　　　　жена　아내　　　　муж　남편
　　　　дочь　딸　　　　　сын　아들

—아침, 낮, 저녁—
　　　　утро　아침
　　　　день　낮
　　　　вечер　저녁
　　　　ночь　밤
　　　　조격으로 때를 나타낸다.
　　　　ex) утром, днём, вечером, ночью

제 2 장

기초 러시아어 회화

1. Что это?
쉬또 에떠

A : Что это?
쉬또 에떠

B : Это книга
에떠 끄니가

A : Кто это?
끄또 에떠

B : Это Фёдор.
에떠 표도르

Он студент
온 스뚜젠드

1. 이것은 무엇입니까?

A : 이것은 무엇입니까?
B : 이것은 책입니다.
A : 이 사람은 누구입니까?
B : 이 사람은 표도르입니다.
　　그는 학생입니다.

주　что : 무엇
　　это : 이것
　　кто : 누구
　　он　: 그 사람

2. Чьи эти вещи?
체이 에띠 베쉬

A : Чей это галстук
체이 에떠 갈스뚝

B : Это галстук отца.
에떠 갈스뚝 아짜

A : Чьё это платье?
치요 에떠 쁠라찌예

B : Это платье матери
에떠 쁠라지예 마쩨리

2. 이것들은 누구의 물건입니까?

A : 이것은 누구의 넥타이입니까?
B : 이것은 아버지의 넥타이입니다.
A : 이것은 누구의 원피스입니까?
B : 이것은 어머니의 원피스입니다.

주 вещь : 물건
　 отец : 아버지
　 мать : 어머니

3. Как вас зовут?
깍 바스 자부뜨

A : Как вас зовут?
깍 바스 자부뜨

B : Меня зовут Владимир Иванович
미냐 자부뜨 블라지미르 이바노비치

Соколов.
사깔로프

А как ваше имя?
아 깍 바쉐 이먀

A : Моё имя Наталья.
마오 이먀 나딸야

Очень рада вас видеть
오첸 라다 바스 비제찌

3. 이름이 무엇입니까?

A : 이름이 무엇입니까?
B : 블라지미르 이바노비치 스꼴로프
 입니다.
 그런데 당신의 이름은 무엇입니까?
A : 나의 이름은 나딸리야입니다.
 당신을 만나서 매우 기쁩니다.

주 как : 어떻게
 Звать : 부르다.
 рад, рада : 기쁘다.
 видеть : 보다.
 вас : 당신을
 имя : 이름

4. Это моё имя
에떠 마요 이먀

A : Катя! Катя! Где ты?
까쨔 까쨔 그제 뜨이

B : Ты меня звала?
뜨이 미냐 즈발라

A : Нет.
네뜨

Я звала мою кошку катю
야 즈발라 마유 꼬쉬꾸 까쭈

B : Ну что ты, это моё имя.
누 쉬또 뜨이 에떠 마요 이먀

4. 그건 제 이름입니다

A : 까쨔! 까쨔! 어디 있니?
B : 날 불렀니?
A : 아니.
　　나는 내 고양이 까쨔를 불렀어.
B : 이런, 그건 내 이름이야.

주　где : 어디에
　　ты : 너
　　Ну что ты : 맙소사, 이런

5. Вы женаты?
브이 줴나뜨이

A : Иван, вы женаты?
이반 브이 줴나뜨이

B : Да, я женился пять лет назад.
다 야 줴닐샤 빠찌 례드 나자드

A : Как её зовут?
깍 예요 자부뜨

B : Её зовут Ольга.
예요 자부뜨 올가

А вы замужем, Маша?
아 브이 자무젬 마샤

A : Нет, ещё
녜뜨 잇쑈

у меня есть невеста.
우 미냐 예스찌 녜볘스따

5. 결혼하셨습니까?

A : 이반, 결혼하셨어요?
B : 네, 5년 전에 했습니다.
A : 그녀의 이름은 무엇입니까?
B : 그녀의 이름은 올가입니다.
　　당신은 결혼하셨습니까, 마샤?
A : 아니오, 아직.
　　약혼자가 있습니다.

주　женаты : 장가들다.
　　Назад : 전에
　　Замужем : 시집가다.
　　пять лет : 5년
　　ещё : 아직
　　Невеста : 약혼자 .

6. У меня сильный характер
우 미나 씰ㄴ이 히락쩨르

A : Мой муж теперь не курит.
모이 무쉬 찌뻬리 녜 꾸리뜨

B : О! у него сильный характер!
오 우 녜보 씰ㄴ이 히락쩨르

A : У него?
우 녜보

Это у меня сильный характер.
에떠 우 미냐 씰ㄴ이 히락쩨르

6. 저는 끈질긴 성격을 가졌습니다

A : 제 남편은 이제 담배를 피우지 않아요.
B : 오, 그는 강인한 성격을 지녔군요.
A : 그가요?
　　강인한 성격을 가진건 저랍니다.

주 муж : 남편
　　курить : 담배피우다.
　　сильный : 강한
　　теперь : 지금, 이제
　　у : ~에, ~에게
　　характер : 성격

*у +него : 모음이 겹치는 경우 자음 н첨가.

7. У вас есть дети?
우 바스 예스찌 제찌

A : У вас есть дети?
우 바스 예스찌 제찌

B : Да, есть.
다 예스찌

A : Сколько у вас детей?
스꼴꼬 우 바스 지쩨이

B : Трое детей.
뜨로예 지쩨이

мы любим друг друга.
므이 류빔 드룩 드루가

7. 아이들이 있습니까?

A : 당신에겐 아이가 있습니까?
B : 네, 있습니다.
A : 몇 명 있습니까?
B : 세 명입니다.
　　우리는 서로서로 사랑합니다.

주　есть : 있다.
　　сколько : 몇
　　друг друга : 서로 서로를
　　дети : 아이들
　　любить : 사랑하다.

8. Кто красивее?
끄또   끄라시볘에

А: Скажи, девочка, кто красивее:
스까쥐   졔보치까   끄또   끄라시볘예

папа или мама?
빠빠   일리   마마

В: Не буду вам отвечать,
녜   부두   밤   아뜨볘차찌

потому что
빠따무   쉬또

Не хочу обижать маму.
녜   하추   아비좌찌   마무

8. 누가 더 예쁩니까?

A : 꼬마야, 아빠와 엄마중 누가 더
   예쁜지 말해 주겠니?
B : 당신에게 대답하지 않겠어요,
   왜냐하면 엄마를 화나게 하고 싶지
   않으니까요.

주 сказать : 말하다.
девочка : 꼬마, 여자아이
красивый : 예쁜
быть : есть 의 미래형
потому что 왜냐하면
пстму чать : 대답하다.
хотеть : 원하다.
обижать : 화나게 하다.

9. Надо делать!
나도 젤라찌

A : Ты делаешь задание?
뜨이 젤라이쉬 자다니예

B : Нет, мама.
녜뜨 마마

Я пью чай с молоком.
야 뻬유 차이 스 멀라꼼

A : Надо делать это сейчас!
나도 젤라찌 에떠 씨촤스

Мальчик, ты не видел, где мой
말칙 뜨이 녜 비젤 그제 모이

журнал?
주르날

B : Я видел его в машине.
야 비젤 이보 브 마쉬녜

9. 해야 할 필요가 있다!

A : 숙제하고 있니?
B : 아뇨, 엄마
    전 우유를 넣은 차를 마시고 있어요.
A : 지금 숙제를 해야 한다!
    얘야, 내 잡지가 어디 있는지 못봤니?
B : 차 안에서 봤어요.

주 *c +조격 : ~와
делать : 하다.
задание : 숙제, 임무
пить : 마시다.
чай : 차
молоко : 우유
надо : ~할 필요가 있다. ~해야 된다.
мальчик : 소년
машина : 자동차

10. Здравствуйте!
즈드라스부이쩨

A: Здравствуйте, господин
즈드라스부이쩨　　　가스빠진

Морозов. приятное утро.
마로조프　　쁘리야뜨노예　우뜨러

B: Здравствуйте, госпожа Иванова.
즈드라스 브이쩨　　가스빠좌　　이바노바

Как ваше здоровье?
깍　바쉐　　즈다롭예

A: Хорошо, спасибо. А вы?
하라쇼　　스빠시바　　아　브이

B: Тоже хорошо.
또줴　하라쇼

Мне нужно путешествовать.
므녜　누쥐노　　뿌찌쉐스뜨보바찌

A: Счастливого пути!
스차스뜰리보버　　뿌찌

B: Спасибо, привет вашей семье.
스빠시바　　쁘리볘드　바쉐이　　셈예

10. 안녕하세요!

A : 안녕하세요, 마로조프씨,
좋은 아침입니다.
B : 안녕하세요, 이바노바 여사.
건강은 어떠세요?
A : 좋습니다. 고맙습니다, 당신은?
B : 역시 좋습니다.
저는 여행을 갈 것 같아요.
A : 좋은 여행이 되시길!
B : 고마워요, 가족에게 안부 전해
주세요

주 господин, госпожа ~씨
хорошо : 좋아요.
нужно : 필요하다.
привет : 인사
семья : 가족

11. Хочу познакомиться

A : Я хочу познакомиться с вашим другом.

B : Хорошо, охотно.

Это мой друг, Семён

У него весёлый характер

C : Здравствуйте, очень рад вас видеть.

A : Разрешите представиться вам.

B : Очень рад познакомиться с вами.

11. 인사하고 싶습니다

A : 당신의 친구와 인사하고 싶습니다.
B : 좋습니다, 기꺼이.
　　이쪽은 제 친구, 세묜입니다.
　　그는 명랑한 성격을 가졌습니다.
C : 안녕하세요, 만나서 매우 반갑습니다.
A : 당신에게 제 소개를 하도록 허락해
　　주세요.
　　당신과 알게 되어 매우 기쁩니다.

주　познакомиться : 알고지내다. 인사하다.
　　разрешить : 허락하다.
　＊с ＋조격 : ～와

12. Извините, пожалуйста
이즈비니쩨 빠좔스따

A : Может быть, вы не знакомы?
모줴뜨 브이찌 브이 녜 즈나꼬므이

B : Нет, я не помню вас.
녜뜨 야 니 뽐뉴 바스

A : Извините, пожалуйста.
이즈비니쩨 빠좔스따

B : Ничего, не беспокойтесь
니체보 녜 베스빠꼬이쩨씨

12. 죄송합니다

A : 혹시, 아는 분 아니세요?
B : 아니오, 전 당신을 기억하지
   못하겠네요.
A : 죄송합니다.
B : 전혀, 신경쓰지 마세요.

주 Может быть : 혹시, 아마
знакомы : 아는사람. (복수)
помнить : 기억하다.

13. Поздравляю с новым годом!
빠즈드라블랴유 스 노브임 고돔

А : Поздравляю с новым годом!
빠즈드라블랴유 스 노브임 고돔

В : С иовым годом!
스 노브임 고돔

А : За вас.
자 바스

Желаю успехов во всём
젤라유 우스뻬홉 보 프숌

и счастья!
이 스차스찌야

В : Благодарю вас.
블라거다류 바스

13. 신년을 경축합니다!

A : 신년을 경축합니다!
B : 새해예요!
A : 당신을 위해 (건배합시다.)
　　모든 곳에서의 성공과 행운을
　　바랍니다.
B : 고맙습니다.

주　год : 해
　　за : 를 위해, ～에게

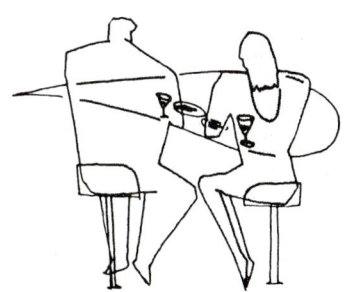

14. Поздравляю с днём рождения!
빠즈드라블랴유 스 놈 로쥐제니야

A : Владимир, придёте к нам
블라지미르 쁘리죠제 끄 남

сегодня вечером.
시보드냐 베체롬

B : Ну, в чём дело?
누 브 촘 젤로

A : Сегодня у меня день
시보드냐 우 미냐 젠

рождения.
로쥐제니야

B : Поздравляю с днём рождения!
빠즈드라블랴유 스 놈 로쥐제니야

A : Спасибо.
스빠시바

14. 생일을 축하합니다

A : 블라지미르, 오늘 저녁에 우리집에 와 주게.
B : 글쎄, 무슨 일인가?
A : 오늘이 내 생일이라네.
B : 생일을 축하하네
A : 고맙네.

주 прийти : 오다
рождение : 탄생

15. Столько··· Сколько ···
스꼴꼬   스꼴꼬

A : Завтра у меня день рождения.
잡뜨라 우 미냐 젠 로쥐제니야

B : Ты любишь цветы?
뜨이 류비쉬 쯔뻬드이

A : Очень!
오첸

B : Тогда я подарю тебе столько
따그다 야 빠다류 찌볘 스똘꼬

красных роз, сколько тебе
끄라스느이흐 로즈 스꼴꼬 찌볘

завтра исполнится лет.
잡뜨라 이스뽈니짜 례뜨

A : Хорошо. Я буду ждать.
하라쇼 야 부두 쥐다찌

15. ~을 ~만큼

A : 내일은 내 생일이야.
B : 너 꽃 좋아하지?
A : 굉장히.
B : 그럼 내가 너에게 내일이면 되는 나이만큼 붉은 장미를 선물할께.
A : 좋아, 기다릴께.

주 тогда : 그러면
столько : (…; сколько) … 만큼
подарить : 선물하다.
ждать : 기다리다.

16. Какая погода?
까까야 빠고다

А : Мама, какая погода сегодня?
마마 까까야 빠고다 시보드냐

В : Сегодня плохая погода.
시보드냐 쁠로하야 빠고다

 Дует ветер и идёт дождь.
 두이뜨 볘쩨르 이 이죠뜨 도쥐

А : Надо Надевать пальто
 나도 나제바찌 빨또

16. 날씨가 어떻습니까?

A : 엄마, 오늘 날씨 어때요?
B : 오늘은 날씨가 나쁘구나.
   바람이 불고 비가 온다.
A : 외투를 입는 게 좋겠군.

주 погода : 날씨
   ветер : 바람
   дождь : 비
   надевать : 입다.
   дуть : 불다
   пдти : 가다, (여기선) 비가 오다.

17. Сколько вам лет?
스꼴꼬 밤 레뜨

A : Сколько ему лет?
스꼴꼬 예무 레뜨

B : Ему пятнадцать лет.
예무 뺫낫짜찌 롓

Он ученик.
온 우체닉

A : Сколько ей лет?
스꼴꼬 예이 롓

B : Ей двадцать три года.
예이 드밧짜찌 뜨리 고다

Она учительница.
아나 우치찔니짜

17. 당신은 몇 살입니까?

A : 그는 몇 살입니까?
B : 그는 15살입니다.
　　그는 학생입니다.
A : 그녀는 몇 살입니까?
B : 그녀는 23살입니다.
　　그녀는 여선생님입니다.

주 учитель : 선생님
　 учительница : 여 선생님

18. Он старше вас на пять лет

A : Сколько тебе лет, девочка?

B : Мне одиннадцать лет.

A : Ну, ты моложе меня на сорок лет.

B : Вам пятьдесят один год?

A : Да

18. 그는 당신보다 5살이 많습니다

A : 소녀야, 너는 몇 살이니?
B : 저는 11살이에요.
A : 그럼 너는 나보다 40살이 적구나.
B : 당신은 51살인가요?
A : 그렇단다.

주 старше : 더 나이든
    моложе : 더 어린

19. Это зависит от того
에떠 자비시뜨 오뜨 따보

А : Мальчик, сколько тебе лет?
말칙 스꼴꼬 찌볘 례뜨

В : Это Зависит от того, с
에떠 자비시뜨 오뜨 따보 스

кем я иду.
껨 야 이두

В : Как так?
깍 딱

В : Когда я иду с папой, мне
꺼그다 야 이두 스 빠뽀이 므녜

шесть лет, а с мамой, четыре
쉐스찌 롓 아 스 마모이 치뜨이례

года.
고다

19. 그것은 이것에 달려 있습니다

A : 꼬마야, 너는 몇 살이니?
B : 그건 제가 누구랑 가느냐에
 달렸어요.
A : 그게 무슨 말이니?
B : 제가 아빠랑 갈 때는 저는 여섯살이
 되구요, 또 엄마랑 갈 때는 네 살이
 되니까요.

주 Зависить от : ~에 달려있다.

20. Какой сегодня день?
까꼬이   시보드냐   젠

A : Какой сегодня день?
까꼬이   시보드냐   젠

B : Сегодня суббота.
시보드냐   수보따

A : Какой день был вчера?
까꼬이   젠   브일   브체라

B : Вчера была пятница.
브체라   브일라   빠뜨니쨔

Завтра будет воскресенье.
잡뜨라   부지드   바스끄레센예

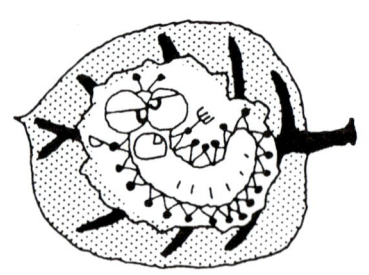

20. 오늘은 무슨 요일입니까?

A : 오늘은 무슨 요일입니까?
B : 오늘은 토요일입니다.
A : 어제는 무슨 요일이었습니까?
B : 어제는 금요일이었습니다.
  내일은 일요일입니다.

주 быть : ~이다.

21. В среду
브 스례두

A : Когда вы были на стадионе?
꺼그다 브이 브일리 나 스따지오네

B : В среду.
브 스례두

A : Куда вы были во вторник?
꾸다 브이 브일리 보 프또르니끄

B : Во вторник некуда не был.
보 프또르니끄 네꾸다 네 브일

Весь день дома.
볘시 젠 도마

21. 수요일에

A : 당신은 언제 경기장에 갔습니까?
B : 수요일에요.
A : 화요일에는 어디에 갔었습니까?
B : 화요일에는 아무데도 가지
　　않았습니다.
　　온 종일 집에 있었습니다.

주 B +대격(요일) : ~요일에.

22. Какое сегодня число?
까꼬예 시보드냐 치슬로

A : Какое сегодня число
까꼬예 시보드냐 치슬로

B : Сегодня четвёртое февраля.
시보드냐 치뜨뵤르또예 폐브랄야

A : Какое число было позавчера?
까꼬예 치슬로 브일로 빠자부체라

B : Второе февраля.
브따로예 폐브랄야

A : Какое число будет после
까꼬예 치슬로 부지뜨 뽀슬례

завтра?
잡뜨라

B : Шестое февраля.
쉐스또예 폐브랄야

22. 오늘은 며칠입니까?

A : 오늘은 며칠입니까?
B : 오늘은 2월 4일입니다.
A : 그저께는 며칠이었습니까?
B : 2월 2일이었습니다.
A : 모레는 며칠입니까?
B : 2월 6일입니다.

주 ※ 날짜를 말할 때는
　　서수의 중성형 + 달의 생격을 사용한다.

23. **В октябре**
브 악쨔브례

A : Учебный год в СССР
우체브느이 고트 브 에스에스에스에르

начинается в октябре?
나취나이쨔 브 악쨔브례

B : В октябре?
브 악쨔브례

Нет. Это начинается в сентябре.
녜뜨 에떠 나취나이쨔 브 센쨔브례

A : У вас будет отпуск в июне?
우 바스 부지뜨 오뜨뿌스끄 브 이유녜

B : Нет
녜뜨

У нас будет отпуск в
우 나스 부지뜨 오뜨뿌스끄 브

августе.
압구스쩨

23. 10월에

A : 소련에서 학기는 10월에 시작됩니까?
B : 10월요?
　　아니요, 그것은 9월에 시작됩니다.
A : 당신은 6월에 휴가가 있습니까?
B : 아니요.
　　저는 8월에 휴가가 있습니다.

주　＊B ＋달의 전치격 : ～월에

24. Где он родился?
그제 온 로질샤

A : Где он родился?
그제 온 로질샤

B : Он родился в москве.
온 로질샤 브 마스끄베

Его родина россия.
이보 로지나 로시야

A : Когда он родился?
꺼그다 온 로질샤

B : Он родился двенадцатое
온 로질샤 드볘낫짜또예

апреля тысяча девятьсот
아쁘롈야 뜨이샤차 졔비쩨소뜨

шестьдесят второго года.
쉐스찌지샤뜨 프따로버 고다

24. 그는 어디에서 태어났습니까?

A : 그는 어디에서 태어났습니까?
B : 그는 모스크바에서 태어났습니다.
  그의 조국은 러시아입니다.
A : 그는 언제 태어났습니까?
B : 그는 1962년 4월 12일에
  태어났습니다.

25. Который час?
까또로이 차스

A : Ну, опять мои часы отстают.
누 아빠찌 마이 치쓰이 옷스따유뜨

Шейла, который час?
쉐일라 까또로이 차스

B : На моих часах половина
나 마이흐 치싸흐 빨로비나

четвёртого.
치뜨뵤르또보

A : Это правильно?
에떠 쁘라빌노

B : Да.
다

A : Ну хорошю, спасибо.
누 하라쇼 스빠시바

B : Ничего пожалуйста.
니체보 빠좔스따

25. 몇 시입니까?

A : 이런, 또 내 시계가 늦는군.
  셰일라, 몇 시니?
B : 내 시계로는 3시 30분이야.
A : 그것이 정확하니?
B : 응
A : 그럼 좋아, 고마워
B : 뭐 별로

주 час : 시간
  часы : 시계

26. Сейчас четыре
시차스 취띠례

A: Будьте добры, который час?
붓쩨 다브르이 까또르이 차스

B: Сейчас без пяти (минут) четыре.
시차스 베스 빠찌 미누뜨 3:55 치뜨이례

A: Спасибо.
스빠시바

Скажите, пожалуйста,
스까쥐쩨 빠좔루이스따

центральиый парк далеко
쩬뜨랄느이 빠르끄 달리꼬

ли отсюда.
리 오뜨슈다

B: Нет, близко.
녜뜨 블리즈꼬

26. 4시 입니다

A : 저어 몇 시 입니까?
B : 지금은 3시 55분입니다.
A : 고맙습니다.
    중앙공원이 여기에서 먼지 어떤지
    말 해 주세요.
B : 아니요, 가깝습니다.

주 сейчас : 지금
    далеко : 먼
    ли : ~인지 아닌지

27. Сколько яблок у тебя?
스꼴꼬 야블록 우 찌뱌

A : Скажи, Петя, сколько яблок у
스까쥐 뻬쨔 스꼴꼬 야블록 우

тебя будет, если я дам тебе
찌뱌 부지뜨 예슬리 야 담 쨔볘

5 яблок, а потом ты получишь
뺘찌 야블록 아 빠똠 뜨이 빨루치쉬

ещё одно?
이쇼 아드노

B : Семь!
셈

A : Ну, почему же семь?
누 빠체무 줴 셈

B : А одно у меня уже есть.
아 아드노 우 미냐 우줴 예스찌

27. 사과 몇 개를 가졌니?

A : 삐쨔, 만약에 내가 너에게
  5개의 사과를 주고, 그 다음 네가
  하나를 더 받는다면? 네가 사과를
  몇 개나 가지게 되는지 말해주렴.
B : 일곱개요!
A : 아니, 어째서 일곱개지?
B : 이미 제게 하나가 있거든요.

주 яблоко : 사과
  дать : 주다.
  получить : 받다.

28. Изучаешь без словаря?
이주차이쉬 볘스 슬로바랴

A : Владимир, здравствуй!
블라지미르 즈드라스부이

B : Здравствуй, Максим!
즈드라스부이 막심

Как твои дела?
깍 뜨바이 젤라

A : Всё в порядке.
프쇼 브 빠랴드꼐

У тебя есть русско-
우 찌뱌 예스찌 루스꼬

корейский словарь?
까례이스끼이 슬로바리

B : К сожалению, у меня нет
끄 싸촬례니유 우 미냐 녯드

словаря.
슬로바랴

A : Изучаешь без словаря?
이주차이쉬 볘스 슬로바랴

B : Нет.
녜뜨

На прошлой неделе потерял.
나 쁘로쉴로이 니젤예 빠쩨랼

28. 사전 없이 공부하니?

A : 블라지미르, 안녕!
B : 안녕, 막심!
   하는 일은 어떠니?
A : 모두가 정상적이야
   너 노한사전 있니?
B : 유감스럽게도, 없는데.
A : 사전없이 공부하니?
B : 아니야.
   지난 주에 잃어 버렸어.

주 дело : 일
   потерять : 잃다.

29. Извините за беспокойство

A : Извините за беспокойство, Борис.

B : Ну что вы! Ничего.

A : Вы любите русскую литературу?

B : Без сомнения.

И сейчас я читаю «Первая любовь» Тургенева.

A : Как раз у меня домашная робота о этой книге.

Прошу вас, не стесняйтесь, пожалуйста.

29. 방해해서 죄송합니다

A : 방해해서 미안합니다. 보리스.
B : 무슨 말을! 아닙니다.
A : 당신은 러시아 문학을 좋아하시죠?
B : 의심할 여지 없이
　　지금도 뚜르게네프의 《첫사랑》을
　　읽고 있습니다.
A : 마침 제게 그 책에 대한 숙제가
　　있습니다.
　　부탁하는데 거절하지 말아주세요.

주　стесняться : 사양하다. 거절하다.

30. Помогаете мне в моей работе?
빠모가이쩨 므녜 브 마예이 라보쩨

A : Сергей! Очень рада вас
세르게이 오첸 라다 바스

видеть. я искала вас давно,
비제찌 야 아스깔라 바스 다브노

но не видела вас.
노 네 비젤라 바스

B : Почему, что случилось
빠체무 쉬또 슬루칠로시

A : Нет, ничего.
네뜨 니체보

Будьте добры, вы не помогаете
붓쩨 다브로이 브이 네 빠모가이쩨

мне в моей работе?
므녜 브 마예이 라보쩨

B : Не откажусь.
네 오뜨까쥬시

A : Хорошо, спасибо.
하라쇼 스빠시바

30. 제 일을 도와주시겠습니까?

A : 세르게이, 당신을 보게 돼서 너무 기뻐요.
　　오랫동안 당신을 찾았는데 볼 수가 없었어요.
B : 왜, 무슨 일이 생겼나요?
A : 아니예요, 아무일도.
　　저, 제 일을 도와주지 않겠어요?
B : 거절하지 않겠어요.
A : 좋아요, 고마워요.

주　искать : 찾다.
　　случиться : 일어나다, 발생하다.
　　помогать+인칭여격+전치격
　　 : 누구에게 무엇을 돕다.

31. Сколько этажей дома?
스꼴꼬 에따줴이 돔아

A: Где вы были вчера?
그제 브이 브일리 프체라

B: Я был в библиотеке.
야 브일 브 비블리아쩨께

A: Сколько этажей в вашей
스꼴꼬 에따줴이 브 비쉐이

библиотеке
비블리아쩨께

B: В нашей библиотеке шесть
브 나쉐이 비블리아쩨께 쉐스찌

этажей.
에따줴이

31. 집은 몇 층 건물입니까?

A : 어디에 갔었어요, 어제는?
B : 저는 도서관에 갔었습니다.
A : 당신의 도서관은 몇 층입니까?
B : 우리 도서관은 6 층입니다.

주 дом : 집, 동, 건물

32. Простите, можно войти?
쁘로스찌쩨   모쥐노   바이찌

A : Простите, можно войти?
쁘로스찌쩨   모쥐노   바이찌

B : Да, пожалуиста садитесь.
다   빠좔스따   싸지쩨시

A : Мы с вами на прошлой неделе
므이 스 바미 나 쁘로쉴로이 니젤예

говорили по телефону.
거버릴리   빠   찔리포누

Моя фамилия Соколов.
마야   파밀리야   사깔로프

B : Ну, здравствуйте!
누   즈드라스부이쩨

Вас приняли в институт,
바스   쁘리냘리   브   인스찌뚜뜨

поздравляю вас.
빠즈드라블랴유   바스

A : Спасибо.
스빠시바

Я очень рад.
야 오첸   라드

32. 죄송합니다. 들어가도 될까요?

A : 죄송합니다. 들어가도 될까요?
B : 네, 앉으세요.
A : 저와 당신은 지난주에 전화로 얘기를 나누었습니다. 저의 성은 소꼴로프입니다.
B : 오, 안녕하세요!
  당신의 연구소 입소가 허락되었습니다.
  축하드립니다.
A : 고맙습니다.
  너무 기뻐요.

33. Несмотря на холодную погоду?
니스모뜨랴 나 할로드누유 빠고두

A : Куда дети пошли?
꾸다 제찌 빠쉴리

B : Они пошли играть.
아니 빠쉴리 이그라찌

A : Несмотря на холодную
니스모뜨랴 나 할로드누유

погоду?
빠고두

B : Хотя холодная погода, на
하쨔 할로드나야 빠고다 나

улице было много детей.
울리쩨 브일로 므노거 지쩨이

A : Сейчас пора прийти домой.
시차스 빠라 쁘리이찌 다모이

33. 추운 날씨에도 불구하고?

A : 아이들은 어디를 갔습니까?
B : 그들은 놀러 나갔습니다.
A : 추운 날씨에도 불구하구요?
A : 비록 날씨가 춥다 해도, 길거리에는 수많은 아이들이 있어요.
A : 이제 돌아올 시간이군요.

주 играть : 놀다.
хотя : 비록~ 할지라도

34. Я вот собираюсь погулять.

A : Сегодня чудесная погода.

Я вот собираюсь погулять.

B : Действительно!

Вчера щёл дождь весь день,

но сегодня дождя не будет.

Ну, мне не весело.

A : Почему?

B : Потому что я должен быть

дома, у меня экзамены завтра.

34. 나는 산책하러 가려던 참이다

A : 오늘은 멋진 날씨야.
나는 산책하러 가려던 참이다.
B : 정말!
어제는 종일 비가 왔지만, 오늘은
올 것 같지 않군.
아, 나는 즐겁지 못해.
A : 왜?
B : 왜냐면 난 집에 있어야 돼, 내일
시험이 있거든.

35. Кто открыл окно?
끄또   아뜨끄르일   아끄노

A : Кто открыл окно?
끄또   아뜨끄르일   아끄노

B : Это я.
에떠   야

Я открыл окно, потому что
야   아뜨끄르일   아끄노   빠따무   쉬또

было очень жарко.
브일로   오첸   좌르꼬

Вы хотите есть мороженое?
브이   하찌쩨   예스찌   마로줴노예

A : А я люблю не мороженое,
아   야   류블류   네   마로줴노예

я хочу фрукты.
야   하추   프룩뜨이

Особенно яблоко
아쏘벤노   야블로꼬

35. 누가 창문을 열었습니까?

A : 누가 창문을 열었습니까?
B : 제가요.
   제가 창문을 열었습니다. 왜냐면 너무 더워서요.
   아이스크림 드시지 않겠어요?
A : 저는 아이스크림을 좋아하지 않습니다. 저는 과일을 원합니다. 특히 사과를.

36. Какой сезон вы любите?
까꼬이 세존 브이 류비쩨

A : Какой сезон вы любите?
까꼬이 세존 브이 류비쩨

B : Я люблю зиму.
야 류블류 지무

Потому что, я не умею плавать,
빠따무 쉬또 야 니 우메유 쁠라바찌

но умею кататься на коньках
노 우메유 까따짜 나 꼰까흐

А вы?
아 브이

A : Я тоже зиму.
야 또줴 지무

Я люблю белый снег.
야 류블류 벨르이 스넥

36. 어느 계절을 좋아하십니까?

A : 어느 계절을 좋아하십니까?
B : 저는 겨울을 좋아합니다.
   왜냐면, 전 수영은 못하지만,
   스케이트는 탈 수 있거든요.
   당신은?
A : 저도 역시 겨울입니다.
   저는 흰 눈을 좋아합니다.

주 белый : 하얀, 흰
   снег : 눈

37. Ты пришёл поздно
뜨이 쁘리숄 뽀즈도노

A: Сергей, уже два часа!
세르게이 우줴 드바 치사

Почему ты пришёл сюда
빠체무 뜨이 쁘리숄 슈다

так поздно?
딱 뽀즈도노

B: Извините, Олег.
이즈비쩨 올렉

Я забыл наше собрание.
야 자브일 나쉐 사브라니예

A: Как всегда?
깍 프시그다

37. 늦게 도착했구나

A : 세르게이, 벌써 두 시야!
   왜 이렇게 늦게 도착했니?
B : 미안해, 올렉.
   우리의 약속을 잊고 있었어.
A : 언제나 처럼?

주 забыть : 잊다.
   собрание : 만남, 약속

38. Как долго вы ждали меня?
깍 돌거 브이 쥐달리 미냐

A : О, Иван!
오 이반

B : Извините, пожалуйста.
이즈비니쩨 빠좔스따

Как долго вы ждали меня?
깍 돌거 브이 쥐달리 미냐

A : Около тридцати минут
오깔로 뜨리드짜찌 미누뜨.

Что с вами?
쉬또 스 바미

B : В дороге я встречал старых
브 다로계 야 브스뜨례찰 스따르이흐

другов. Я спешил, но опоздал.
드루고프 야 스뻬쉴 노 아빠즈달

A : Ничего, не беспокойтесь.
니체보 녜 볘스빠꼬이쩨시

Куда пойдём?
꾸다 빠이좀

38. 저를 얼마나 오래 기다리셨습니까?

A : 오, 이반!
B : 미안합니다, 정말.
　　얼마나 오래 저를 기다리셨습니까?
A : 약 30분 정도요.
　　무슨 일이 있었나요?
B : 도중에 옛 친구들을 만났습니다.
　　서둘렀지만, 늦었군요.
A : 괜찮아요, 신경 쓰지 마세요.
　　어디로 갈까요?

주 ждать : 기다리다.
　 около (+생격) 약, ~정도
　 с (+조격) ~와 함께
　 дорога : 길
　 старый : 늙은, 옛

39. Я изучаю русский язык
야 이주차유 루스끼 이직

A : Что вы изучаете?
쉬또 브이 이주차이쩨

B : Я изучаю русский язык два
야 이주차유 루스끼 이직 드바

года. Это интересно.
고다 에떠 인쩨레스노

A : Сколько времени вы
스꼴꼬 브레메니 브이

изучаете в день?
이주차이쩨 브 젠

B : Три часа.
뜨리 치싸

39. 나는 러시아어를 공부합니다

A : 당신은 무엇을 공부하고 있습니까?
B : 나는 2년 동안 러시아어를
 공부하고 있습니다.
 그것은 재미있습니다.
A : 당신은 하루에 몇 시간 공부를
 합니까?
B : 세 시간 합니다.

주 язык : 언어

40. Я говорю по-русски
  야　가바류　빠 루스끼

A : Можете ли вы говорить по-русски?
  모줴쩨　리　브이　거버리찌　빠 루스끼

B : Я умею разговаривать по-русски.
  야 우메유　라즈거바리바찌　빠 루스끼

  Я могу читать и писать.
  야 마구　치따지 리 삐싸찌

A : Вы понимаете, что я вам говорю?
  브이　빠니마이쩨　쉬또 야 밤　거버류

B : Да, теперь.
  다　찌뻬리

  Если вы говорите слищком
  예슬리 브이 거버리쩨　슬리쉬꼼

  быстро, в том случае, я не могу
  브이스뜨로 브 똠　슬루차예　야 니 마구

  понять совсем. Немного медленнее!
  빠냐찌　　　　니므노거　메들롄녜예

40. 나는 러시아어로 말합니다

A : 러시아어로 말할 수 있습니까?

B : 저는 러시아어로 얘기할 수 있습니다.
읽고 쓸 수도 있습니다.

A : 제가 당신에게 얘기한 것을
이해하십니까?

B : 네, 지금은요.
만약 당신이 너무 빨리 말한다면, 그 경우엔 전혀 이해하지 못합니다.
조금만 느리게 하십시오.

주 мочь : 할수있다.
говорить : 말하다.
разговаривать : 대화하다.
совсем : 전혀
уметь : 할 능력이 있다.
случай : 사건, 경우

41. Вам нравится музей?
밤 느라비짜 무졔이

A : Вы туристы?
브이 뚜리스뜨이

B : Да. Мы русские.
다 므이 루스끼예

A : У вас есть гид?
우 바스 예스찌 기트

B : Нет, у нас не гида.
녜뜨 우 나스 녜 기다

A : Вам нравится музей?
밤 느라비짜 무졔이

B : Хорошо. Я любуюсь музеями.
하라쇼 야 류부유시 무졔야미

A : Вы хотите, что знать более
브이 하찌쩨 쉬또 즈나찌 볼례예

об истории корейца?
압 이스또리이 까례이짜

41. 박물관이 마음에 드세요?

A : 당신들은 여행자들입니까?
B : 네, 우리는 러시아인입니다.
A : 안내자가 있습니까?
B : 아니요, 우리에겐 안내자가 없습니다.
A : 박물관이 마음에 드십니까?
B : 좋은데요. 전 박물관에 매혹되었습니다.
A : 한국인의 역사에 대해 더 알고
  싶으십니까?

주 * у нас не ++ 부정 생격 : 존재부정의 의미일 땐 생격사용.
  * 인칭 여격+нравиться+주격 : 누구에게 무엇이 마음에 들다.
  * любоваться+조격 : ～에 매혹되다.
  * об истории : 전치사와 다음 단어에 모음이 겹칠 땐
           자음 첨가. (ex) с ней
           전치사와 다음 단어의 자음이 3개이상 겹칠땐
           모음 첨가 (ex) со мной

42. За нашу встречу!
자 나슈 프스뜨례추

A : Что вы будете пить : пиво
쉬또 브이 부지쩨 삐찌 삐보

или вино?
일리 비노

B : Если можно, вино.
예슬리 모쥐노 비노

A : Конечно можно.
까네쉬노 모쥐노

Сухое вино?
수호예 비노

B : Хорошо.
하라쇼

A : За что?
자 쉬또

B : За нашу встречу!
자 나슈 프스뜨례추

42. 우리의 만남을 위해!

A : 당신은 무엇을 마시겠습니까 맥주 혹은 와인?
B : 가능하다면, 와인으로요.
A : 물론 가능하죠.
　　드라이 와인으로요?
B : 좋습니다.
A : 무엇을 건배할까요?
B : 우리의 만남을 위해!

주　*за+대격 : (건배할 때) ~을 위해
　　встреча : 만남.

43. Вы учитесь или работаете?
브이 우치쩨씨 일리 라보따이쩨

A: Вы учитесь или работаете?
브이 우치쩨씨 일리 라보따이쩨

B: Учусь.
우추씨

A: Где? В университете?
그제 브 우니베르시쩨쩨

B: Да.
다

A: На каком факультете вы учитесь?
나 까꼼 파꿀쩨쩨 브이 우치쩨씨

B: Я учусь на русском литературе.
야 우추씨 나 루스꼼 리쩨라뚜레

факультете.
파꿀쩨쩨

После окончания университета
뽀슬레 아꼰차니야 우니베르시쩨따

я буду продолжать учиться.
야 부두 쁘로돌좌찌 우치쨔

43. 당신은 학생입니까 아니면 직장인입니까?

A : 당신은 공부를 하십니까 아니면 일을 하십니까?

B : 공부를 합니다.

A : 어디에서요? 대학에서요?

B : 네.

A : 무슨 과에서 공부하십니까?

B : 노문학과에서 공부합니다. 대학 졸업 후에도 공부를 계속할 계획입니다.

주 факультет : 과, 분야
после (+생격) : ~후에, ~다음에
окончание : 졸업, 종료, 완료.
продолжать : 계속하다.

44. Я окончил техникум
　　　야　　　아꼰칠　　　쩨흐니꿈

A : Какой институт вы окончил?
　　　까꼬이　　인스찌뚜뜨　브이　　아꼰칠

B : Нет, не институт.
　　　네뜨　네　　인스찌뚜뜨

　　Я окончил техникум.
　　야　　아꼰칠　　쩨흐니꿈

　　Теперь я работаю на
　　찌뼬리　야　　라보따유　나

　　бумажной фабрике.
　　부마쥐노이　　파브리께

A : Вы любите свою работу?
　　　브이　류비쩨　　스바유　라보뚜

B : Это трудно мне, но я очень
　　　에떠　뜨루드노　므녜　노　야　오첸

　　люблю.
　　류블류

44. 저는 직업기술학교를 졸업했습니다

A : 어떤 단과대학을 졸업하셨습니까?
B : 아니요, 단과대학이 아닙니다.
    저는 직업기술학교를 졸업하였습니다.
    지금 저는 제지공장에서 일하고
    있습니다.
A : 자신의 일을 좋아하십니까?
B : 어렵지만, 매우 좋아합니다.

주 бумажный : 종이의

45. Кто он по специальности?
끄또 온 빠 스뻬찌알노스찌

A : Кто он по специальности?
끄또 온 빠 스뻬찌알노스찌

B : Вы значите, Павел?
브이 즈나치쩨 빠벨

A : Да.
다

B : Вы не знаете ещё?
브이 네 즈나이쩨 이쇼

Он инженер.
온 인줴녜르

Он работает в Центральных
온 라보따이뜨 브 쩬뜨랄느이흐

Телеграфе.
찔리그라페

45. 그는 직업이 무엇입니까?

A : 그는 직업이 무엇입니까?
B : 빠벨, 말씀인가요?
A : 네.
B : 아직 모르셨어요?
　　그는 기사입니다.
　　그는 중앙 전신국에서 일합니다.

주　специальность : 특수. 전문
　　значить : 의미하다. 뜻하다.

46. Я не люблю вас
야 녜 류블류 바스

A : Анна, вы не хотите пить
안나 브이 녜 하찌쩨 삐찌

кофе со мной?
꼬폐 사 므노이

B : Я не хочу.
야 니 하추

A : Вы не любите кофе?
브이 녜 류비쩨 꼬폐

B : Я не люблю вас.
야 녜 류블류 바스

46. 당신을 좋아하지 않습니다

A : 안나, 저와 함께 커피 마시지
  않겠어요?
B : 싫은데요.
A : 커피가 싫으세요?
B : 저는 당신이 싫어요.

주 хотеть : 원하다.
пить : 마시다.
любить : 사랑하다. 좋아하다.
*со мной; с+мной 에 모음 о 가 첨가.

47. Можно курить здесь?
모쥐노 꾸리쩨 즈졔시

A : Можно курить здесь?
모쥐노 꾸리쩨 즈졔시

B : Нет, здесь нельзя курить.
넷 즈졔시 닐리쟈 꾸리쩨

В аудитории не курят, но
브 아우지또리이 네 꾸랴드 노

занимаются.
자니마유짜

Виктор, не нужно так
빅또르 녜 누쥐노 딱

много курить.
므노거 꾸리쩨

Это вредно.
에떠 브레드노

47. 여기서 담배를 피워도 됩니까?

A : 여기서 담배 피워도 됩니까?
B : 아니오, 여기선 흡연하시면 안됩니다.
 강의실에서는 담배를 피우지 않고,
 공부를 합니다.
 빅또르, 그렇게 많이 담배를 피우지
 마십시오.
 해롭습니다.

주 нельзя : 금지되다. ～해서는 안된다.
 *курят, занимаются 등 3인칭 복수형을
 통해 일반적 관습을 표현한다.

48. Сколько человек в нём семье?

A: У Виктора есть братья и сёстры?

B: Наверно есть.

A: У него есть родители?

B: Да, есть.

A: Сколько человек в нём семье?

B: Может быть, пять-семь человек.

A: Где живут они?

B: Раньше они жили в москве.

A: Сейчас, где его семья живёт?

B: Я не знаю точно.

48. 그의 가족은 몇 명입니까?

A : 빅또르에겐 형제와 누이가 있습니까?
B : 아마 있을 겁니다.
A : 그에겐 부모님이 계십니까?
B : 네, 계십니다.
A : 그의 가족은 몇 사람입니까?
B : 아마 5～7명일 겁니다.
A : 그들은 어디에 삽니까?
B : 전에는 모스크바에서 살았습니다.
A : 지금 그의 가족은 어디에서 삽니까?
B : 잘 모르겠군요.

주 брат : 형제
　 сестра : 누이
　 родители : 양친.

49. Мне приходится ездить с пересадкой
므녜 쁘리호지짜 예지쨔 스 삐리사드꼬이

A : Вы ходите на работу пешком
브이 하지쎼 나 라보뚜 뻬쉬꼼

или ездите?
일리 예지쎼

B : Я езжу.
야 예쥬

A : Как вы ездите?
깍 브이 예지쎼

B : Мне приходится ездить с
므녜 쁘리호지쨔 예지쎄 스

пересадкой.
삐리사드꼬이

Сначала я езжу на четвёртом
스나찰라 야 예쥬 나 치뜨보르똠

автобусе, потом на метро.
압또부셰 빠똠 나 미뜨로

49. 저는 차를 갈아타야만 합니다

A : 당신은 직장까지 걸어서 다니십니까,
   아니면 차를 타고 다니십니까?
B : 차를 타고 다닙니다.
A : 어떤 식으로 타고 다니십니까?
B : 저는 차를 갈아타야만 합니다.
   우선 저는 4번 버스를 타고,
   다음 지하철을 탑니다.

주 ходить : 걸어서 다니다.
    пешком : 걸어서
    ездить : 타고 다니다.
    пересадка : 갈아 타는 것.
    приходиться : ∼해야 하게 되다.

50. Ползуюсь метро
뽈주유시 미뜨로

A : Антон! Какая встреча в
안똔 까까야 브스뜨례차 브

метро! Куда вы идёте?
미뜨로 꾸다 브이 이죠쩨

B : В школу.
브 쉬꼴루

A : Вы часто ездите на метро?
브이 차스또 예지쩨 나 미뜨로

B : Нет.
녜뜨

Иногда пользуюсь метро.
이노그다 뽈주유시 미뜨로

A : Ну, там свободное место!
누 땀 스바보드노예 메스떠

50. 지하철을 이용합니다

A : 안톤! 지하철 안에서 만나다니!
　　어디를 가십니까?
B : 학교에 갑니다.
A : 당신은 지하철을 자주 타십니까?
B : 아뇨,
　　가끔씩 지하철을 이용합니다.
A : 음, 저기에 빈 자리가 있군요!

주　метро : 지하철(불변 명사)
　　в метро : 지하철 안에서
　　на метро : 지하철을
　　пользовать +조격 : ～을 이용하다.

51. Вы летали на самолёте?

A: Вы летали на самолёте?

B: Да.

A: Куда вы летали последний раз?

B: В Чеджу.

A: Где продают билеты на самолёт?

B: В кассе аэропорта.

51. 비행기 타 보셨습니까?

A : 비행기를 타 보셨습니까?
B : 네.
A : 최근에 가신 곳이 어디입니까?
B : 제주도입니다.
A : 비행기 표는 어디에서 팝니까?
B : 공항 매표소에서 팝니다.

주 последний : 마지막
продать : 팔다.

52. Я езжу поездом
야 예쥬 뽀예즈돔

A : Что вы делаете в воскресенье?
쉬또 브이 젤라이쩨 브 바스끄레센예

B : Если хорошая погода, я езжу
예슬리 하로샤야 빠고다 야 예쥬

удить рыбу поездом.
우지찌 르이부 뽀예즈돔

A : Вы любите ездить на поезде?
브이 류비쩨 예지찌 나 보예제

B : Да. Это удобно.
다 에떠 우도브노

A : Куда вы обычно ездите?
꾸다 브이 아브이쉬노 예지쩨

B : За город, на берегу реки.
자 고로트 나 베례구 레끼

52. 기차를 타고 갑니다

A : 일요일엔 무엇을 하십니까?
B : 날씨가 좋으면, 기차를 타고 낚시하러 갑니다.
A : 기차 타는 걸 좋아하세요?
B : 네. 기차가 편안해요.
A : 주로 어디로 가세요?
B : 교외로, 강가로 갑니다.

주 если : 만약
удить : 낚다
рыба : 생선
рака : 강

53. Мне на стадион
르녜 나 스따지온

A : Такси!
딱시

B : Здравствуйте!
즈드라스부이쩨

A : Мне на стадион
르녜 나 스따지온

B : Хорошо.
하라쇼

A : Прошу вас ехать быстро.
쁘로슈 바스 예하찌

B : Нет, опасно.
녜뜨 아빠스노

Сегодня был дождь, и дорога
시보드냐 브일 도쉬 이 다로가

мокрая.
모끄라야

53. 경기장으로 갑시다

A : 택시!
B : 안녕하세요!
A : 경기장으로 가 주세요.
B : 좋습니다.
A : 빨리 가 주세요.
B : 안됩니다. 위험해요.
　　오늘은 비가 와서 길이 미끄럽습니다.

주　опасно : 위험하다.
　　мокрый : 미끄러운
*мне … на стадион 에서는 надо пойти 가 생략된 형태

54. Где мне выходить?
그제 므녜 브이하지쩌

A : Скажите, пожалуйста, где
스까쥐쩨 빠좔스따 그제

мне выходить?
므녜 브이하지쩌

Мне нужен музеи чехова.
므녜 누젠 무제이 체호바

B : На следующей остановке.
나 슬례두유쉐이 아스따노브께

A : Спасибо.
스빠시바

Вы сходите на следующей
브이 스하지쩨 나 슬례두유쉐이

остановке?
아스따노브께

B: Нет, не схожу
녜뜨 녜 스하쥬

A : Пожалуйста. разрешите
빠좔스따 라즈레쉬쩌

пройти.
쁘로이찌

B : Охотно
아호뜨노

54. 어디에서 제가 내려야 합니까?

A : 제가 어디에서 내려야 하는지 좀 가르쳐 주세요.
체홉박물관에서 내려야 합니다.
B : 다음 정거장에서 내리십시오.
A : 고맙습니다.
당신은 다음 정거장에서 내리십니까?
B : 아니요, 안 내립니다.
A : 좀 지나갑시다.
B : 그러세요.

주 Выходить : 나가다. 떠나다.
сходить : 내려가다, 떠나다.
пройти : 통과하다.

55. Где находится банк?
그제 나호지야쨔 반끄

A: Где находится банк?
그제 나호지쨔 반끄

B: Как раз я собираюсь пойти
깍 라스 야 사비라유시 빠이찌

туда. Он близко отсюда.
뚜다 온 블리즈꼬 아뜨슈다

Вы иностранец?
브이 이노스뜨라녜츠

A: Да, я француз.
다 야 프란쭈즈

B: Вы говорите по-русски очень
브이 거버리쩨 빠 루스끼 오첸

хорошо.
하라쇼

A: Спасибо.
스빠시바

55. 은행은 어디에 있습니까?

A : 은행은 어디에 위치하고 있습니까?
B : 바로 저도 거기로 가려던 중입니다.
　　은행은 여기서 가깝습니다.
　　당신은 외국인입니까?
A : 네, 저는 프랑스인입니다.
B : 당신은 러시아어를 아주 훌륭하게
　　하시는군요.
A : 고맙습니다.

주　находиться : 위치하다.
　　как раз : 마침
　　француз : 프랑스인
　　иностранец : 외국인

56. Как дойти до почты?
깍 다이찌 다 뽀취떠

A : Извините господин.
이즈비니쪠 가스빠진

Скажите пожалуйста, как
스까쥐쪠 빠좔스따 깍

дойти до ближайшего
다이찌 다 블리좌이셰보

почтового отделения. Мне
뽀치또보보 아뜨젤례니야 므녜

надо послать телеграмму.
나도 빠슬라찌 찔리그람무

B : Пройдите мимо книжного
쁘로이지쪠 미모 끄니쥐노보

магазина и перейдите
마가지나 이 뻬리이지쪠

через улицу,
체레스 울리추

потом возьмите влево.
빠똠 빠지미쪠 블례보

A : Это налево от площади?
에떠 날례보 오뜨 쁠로샤지

B : Да.
다

56. 우체국은 어떻게 갑니까?

A : 실례합니다.
 가까운 우체국지부까지는 어떻게
 가야합니까?
 저는 전보를 쳐야 합니다.
B : 서점 옆을 지나서 거리를 건너가십시오,
 다음 왼쪽으로 돌아가십시오.
A : 은행은 광장의 왼쪽에 있습니까?
B : 네.

주 почта : 우체국
 отделение : 부서. 지부
 мимо (+생격) 옆을 지나서
 от (+생격) : ~으로부터
 налево : 왼쪽에
 до (+생격) : ~까지
 через (+대격) : ~을 가로질러서. ~을 건너서
 послать : 부치다.
 влево : 왼쪽으로

57. Я как раз сам туда иду

А: Далеко ли магазин от вашего дома? Я нужно купить хлеб и молоко, теперь

В: Нет.

Он совсем рядом.

Я как раз сам туда иду, так что я мог бы показать вам дорогу

А: Сколько часов в день магазин работает?

В: Магазин работает с восьми часов утра до шести часов вечера.

57. 저도 그리로 가려던 참입니다

A : 가게가 당신의 집으로부터 멀리
    있습니까?
    저는 지금 빵과 우유를 사야 합니다.
B : 아니요.
    가게는 바로 옆에 있습니다.
    저도 마침 거기로 가려던 참이니,
    길을 알려 드릴 수 있겠군요.
A : 가게는 하루에 몇 시간 영업합니까?
B : 가게는 아침 8시부터 저녁 6시
    까지 영업합니다.

주 сам : 스스로
показать : 보여주다.

58. Вы часто пишите?
_{브이 차스또 비쉬쩨}

A : Ирина. что это?
_{이리나 쉬또 에떠}

B : Это письмо от подруги.
_{에떠 삐시모 오뜨 빠드루기}

A : Вы часто пишите своим
_{브이 차스또 비쉬쩨 스바임}

друзьям?
_{드루지얌}

B : Нет.
_{녜뜨}

Я не люблю писать письма, но
_{야 녜 류블류 비싸찌 삐시마 노}

люблю получать письма
_{류블류 빨루차찌 삐시마}

58. 자주 편지 하십니까?

A : 이리나, 그게 뭐예요?
B : 여자 친구에게서 온 편지예요.
A : 당신은 친구들에게 자주
　　편지하나요?
B : 아니예요.
　　저는 편지쓰는 걸 좋아하지 않아요,
　　하지만 받는 건 좋아하죠.

주　подруга : 여자친구.
　　друзья : 친구들
　　письмо : 편지
　　писать : 쓰다.
　　свой : 자신의

59. Почему ты не ответил на письмо?
빠체무 뜨이 녜 아드볘찔 나 삐시모

А : Антон, ты получил письмо?
안똔 뜨이 빨루칠 삐시모

В : Да.
다.

А : Тогда, почему ты не ответил
따그다 빠체무 뜨이 녜 아드볘찔

на письмо, которое я тебе
나 삐시모 까또로예 야 찌볘

написал?
나삐쌀

В : Простите.
쁘로스찌쪠

Я не смог.
야 녜 스목

Я был болен.
야 브일 볼롄

А : Как жаль.
깍 잘

59. 왜 편지에 답하지 않았니?

A : 안톤, 편지 받았니?

B : 응.

A : 그럼, 왜 내가 쓴 편지에 대해 답하지 않았니?

B : 미안해.

할 수가 없었어.

나는 아팠거든.

A : 저런.

주 который : ~한. 관계대명사용법.
написать : 쓰다의 완료형.
болен : 아프다.

60. Как они написали адрес?
깍 아니 나삐쌀리 아드롐스

Москва К-7
마스끄바

пл. Пушкина, д. 9, кв. 21
쁠로샤지 뿌쉬끼나   돔 졔비찌 끄바르찌라 드볫낫짜찌 아진

Соколову Павлу Сергеевичу
사깔로부   빠블루   세르게예비추

Адрес отправителя:
아드롐스   아뜨쁘라비찔야

г. Ленинград, ул. Садовая,
고로트   레닌그라드   울리짜   사도바야

д. 21, кв. 5
돔   끄바르찌라 빠찌

Викторов С. И.
빅또롭

60. 주소를 어떻게 썼습니까?

모스크바 K-7 (우편구역명)
뿌쉬낀 광장 9동 21호
소꼴로프 빠벨 세르게예비치에게

반송주소 :
레닌그라드 시 사도바야거리 21동
5 호

　　　빅또르 С. И.

주 площадь : 광장
дом : 집, 건물, ~동
квартира : 아파트 ~호, 방
город : 도시
улица : 거리

61. Образец письма
아브라제츠 삐시마

15 сентября 1988 г.
빠뜨나드짜또예 센쨔브랴 뜨이샤차 제비찌소뜨 보셈지샤뜨 바시모보 고다

Ленинград
레닌그라드

Моя дорогая Мария!
마야 다로가야 마리야

Как живёшь? Я очень рад до
깍 쥐뵤쉬 야 오첸 라드 다

слёз. Наконец я выдержал
슬료츠 나까네츠 야 브이제르좔

переходный экзамен. Скоро я
뻬리호드느이 엑자멘 스꼬로 야

поеду к тебе. Привет всем.
빠예두 끄 찌뻬 쁘리벳 프셈

До свидания.
다 스비다니야

Иван.
이반

61. 편지의 견본

1988년 9 월 15일

레닌그라드

나의 소중한 마리야!

어떻게 지내니? 나는 눈물이 날 만큼 매우 기쁘단다. 드디어 나는 진급시험에 합격했다. 곧 너에게로 갈께. 모두에게 안부전해다오.

안녕

이반.

62. На почте
나 뽀취쩨

A : Мне надо послать письма.
므녜 나도 빠슬라찌 삐시마

Дайте, пожалуйста. два
다이쩨 빠좔스따 드바

конверта с марками для
깐베르따 스 마르까미 들랴

авиаписьма.
아비아삐시마

B : Вот.
보뜨

A : Сколько времени идёт
스꼴꼬 브례메니 이죠뜨

письмо в Сеул?
삐시모 브 세울

B : Четыре дня.
치뜨이례 드냐

A : Сколько за всё?
스꼴꼬 자 프쇼

B : Пожалуйста, 22 Копейки
빠좔스따 드밧짜찌 드바 까뻬이끼

62. 우체국에서

A : 전 편지들을 부쳐야 합니다.
　　국제 우편으로 우표가 포함된 봉투 2개를 주십시오.
B : 여기 있습니다.
A : 서울까지 편지는 얼마나 걸립니까?
B : 4일이요.
A : 모두 얼마죠?
B : 22까뻬이까입니다.

주　конверт : 봉투
　　марка : 우표
　　для (+생격) : ~를 위한
　　копейка : 꼬뻬이까, 화폐단위

63 Вы часто звоните по телефону?
브이 차스또 즈바니쩨 빠 찔리포누

A : Вы часто звоните по
브이 차스또 즈바니쩨 빠

телефону?
찔리포누

B : Да.
다

A : Какой у вас номер телефона?
까꼬이 우 바스 노메르 찔리포나

B : У меня нет телефона, а
우 미냐 네뜨 찔리포나 아

телефон-автомат недалеко
찔리폰 압또마뜨 니달리꼬

от нашего дома.
오뜨 나쉐보 도마

A : Тогда, до субботы
따그다 다 수보뜨이

B : До свидания.
다 스비다니야

63. 당신은 전화를 자주 하십니까?

A : 당신은 자주 전화를 하십니까?
B : 네
A : 전화 번호가 몇 번입니까?
B : 저는 전화가 없습니다, 하지만 전화기가 집에서 멀지 않은 곳에 있습니다.
A : 그럼, 토요일에 봅시다.
B : 안녕히 가십시오.

주 звонить по телефону : 전화걸다.

64. Попросите, пожалуйста, Катю
빠쁘로시쩨 빠좔스따 까쮸

A : Алло.
알로

B : Алло, попросите, пожалуйста,
알로 빠쁘로시쩨 빠좔스따

Катю.
까쮸

A : Её нет дома.
예요 녯 도마

Она будет дома через час.
아나 부지뜨 도마 체레스 차스

Что её передать?
쉬또 예요 삐리다찌

B : Нет, позвоню опять.
녜뜨 빠즈바뉴 아뺘찌

A : Хорошо,
하라쇼

64. 까쨔 좀 바꿔 주십시요

A : 여보세요.
B : 여보세요. 까쨔 좀 바꿔주세요.
A : 그녀는 집에 없습니다.
　　 1 시간 뒤에는 집에 있을 겁니다.
　　 그녀에게 무엇을 전해드릴까요?
B : 다시 전화를 걸겠습니다.
A : 그러십시요.

주　попросите : 바꿔주십시요.
　　передать : 전해주다, 여기선 '전할 말이 있읍니까?'

65. Скажите, что меня нет дома!
스까쥐쩨 쉬또 미냐 녜뜨 도마

А : Катя, если будут звонить,
까쨔 예슬리 부두뜨 즈바니찌

скажи, что меня нет дома.
스까쥐 쉬또 미냐 녜뜨 도마

В : Хорошо, я скажу.
하라쇼 야 스까쥬

—Через несколько минут—
체레스 니스콜꼬 미누뜨

В : Получай трубку!
빨루차이 뜨루브꾸

А : Разве ты забыла?
라즈볘 뜨이 자브일라

Я просил тебя сказать что
야 쁘로실 찌뱌 스까자찌 쉬또

меня нет дома
미냐 녯 도마

65. 제가 집에 없다고 말해 주십시요!

A : 까쨔야, 만약 전화가 오면, 내가 집에 없다고 말해줘.
B : 좋아, 말해줄께.
 —몇분 뒤—
B : 전화 받어!
A : 정말 잊어 버렸니?
 내가 없다고 말해달라고 네게 부탁했었잖아.

주 трубка : 수화기

66. Наш телефон плохо работает
나쉬 찔리폰 쁠로호 라보따이뜨

А : Это мама?
에떠 마마

В : Да, это я.
다 에떠 야

А : Это Андрей.
에떠 안드례이

Сегодня вечером я буду
시보드냐 볘체롬 야 부두

прийти поздно.
쁘리이찌 뽀즈드노

В : Что?
쉬또

Я плохо тебя слышу.
야 쁠로호 찌뺘 슬르이슈

Повтори, пожалуйста, что
빱또리 빠좔스따 쉬또

ты сказал.
뜨이 스까잘

Наш телефон плохо работает.
나쉬 찔리폰 쁠로호 라보따이뜨

66. 전화가 잘 안됩니다

A : 엄마세요?
B : 그래, 나다.
A : 안드레이예요.
　　오늘 저녁에 늦게 들어갈 것 같아요.
B : 뭐라고?
　　잔 안들리는구나.
　　다시 말해다오.
　　우리 전화가 잘 안되는구나.

주 слышить : 들리다.
　повторить : 반복하다.

67. Я слушаю
야 슬루샤유

A : Будьте добры, попросите
붓쩨 다브르이 빠쁘로시쩨

к телефону Лену Смирнову.
끄 찔리포누 레누 스미르노부

B : Я слушаю. Это я.
야 슬루샤유 에떠 야

A : Здравствуй, пойдём
즈드라스부이 빠이좀

посмотрим фильм!
빠스모뜨림 필름

A : С удовольствием.
수다볼스뜨비옘

А когда?
아 꺼그다

A : Можно сегодня.
모쥐노 시보드냐

B : Сегодня не могу, а завтра?
시보드냐 녜 마구 아 잡뜨라

A : Хорошо, пока, да встречи!
하라쇼 빠까 다 브스뜨레치

B : Всего хорошего!
브세보 하로셰보

67. 여보세요

A : 저 레나 스미르노바 좀 바꿔주세요.
B : 여보세요, 전데요.
A : 안녕, 영화 보러 가자.
B : 그러자.
   언제 갈까?
A : 가능하다면 오늘.
B : 오늘은 안돼, 내일은?
A : 좋아, 그럼 그때까지 안녕!
B : 안녕!

주 я слушаю : 듣고 있읍니다. 여보세요.
пока : ～할 동안, 그 때 까지

68. Любите ли путешествовать?

A: Любите ли вы путешествовать?

B: Очень люблю.

A: Были ли вы за границей?

B: Нет, некуда не был.

A: В каких городах вы уже побывали?

B: В разных городах: Чеджу, Кёнджу, Канхвадо, и так далее.

A: На чём вы любите ездить, когда путешествуете?

B: На поезде.

68. 여행을 좋아하십니까?

A : 당신은 여행하는 것을 좋아하십니까?
B : 매우 좋아합니다.
A : 외국으로 나가 보신 적이 있나요?
B : 아니요, 아무데도 못 가 봤습니다.
A : 어떤 도시들을 가 보셨습니까?
B : 여러 도시들을요 : 제주, 경주,
  강화도, 기타 등등
A : 여행하실 때 무엇을 타고 가시길
  좋아하십니까?
B : 기차요.

주 за границей : 국외로.
побывать : 방문하다.
и так лалее (и. т. д) : 기타 등등

69. Один или с семьей?
아진 일리 스 셈요이

A : Где вы отдыхали в прошлом
그제 브이 아뜨이할리 브 쁘로쉴롬

отпуске?
아뜨뿌스께

B : В Кавказе.
브 까브까제

A : Один или с семьёй?
아진 일리 스 셈요이

B : С семьёй, и с друзьями.
스 셈요이 이 스 드루지야미

Но в зтом отпуске я хочу
노 브 에떰 아뜨뿌스께 야 하추

отдыхать только один.
아뜨이하쩨 똘꼬 아진

69. 혼자 아니면 가족들과?

A : 지난 휴가에 어디에서 쉬셨습니까?
B : 까쁘까즈에서요.
A : 혼자서 아니면 가족들과?
B : 가족들과 또 친구들과요.
  그러나 이번 휴가는 혼자서만 쉬고
  싶어요.

70. Вы Свободны Завтра?
브이 스바보드느이 잡뜨라

А : Вы свободны завтра?
브이 스바보드느이 잡뜨라

В : Возможно, буду поехать
바즈모쥐노 부두 빠예하찌

на Украйну у брата.
나 우끄라이누 우 부라따

У него будет годовщина
우 녜보 부지뜨 가도브쉬나

свадьбы.
스바지브이

А : Когда вернётесь?
꺼그다 베르뇨쩨시

В : Думаю, через неделю.
두마유 체레스 니젤유

70. 내일 시간 있으세요?

A : 내일 시간 있으세요?
B : 아마도, 우크라이나에 있는 형에게
    가야 할 겁니다.
    그의 결혼 기념일이거든요.
A : 언제 돌아오십니까?
B : 일주일 후로 생각하고 있습니다.

주 свободен : 한가한, 자유로운, 비어있는

71. Можно к вам?
모쥐노 끄 밤

А : Извините, можно к вам?
이즈비니쩨 모쥐노 끄 밤

В : Да, можно
다 모쥐노

А : Я хочу узнать, были ли в
야 하추 우즈나찌 브일리 리 브

клубе вы вчера вечером.
끌루볘 브이 브쳬라 볘쳬롬

В : Да, я был.
다 야 브일

А : С кем?
스 꼠

В : С юрой.
스 유로이

Он плохо чувствовал вчера,
온 쁠로허 춥스뜨보발 부쳬라

кажется.
까쥐짜

71. 당신께 실례해도 될까요?

A : 실례합니다, 당신께 여쭤봐도 될까요?
B : 네, 그러세요.
A : 어제 저녁에 클럽에 가셨었는지 알고 싶습니다.
B : 네, 갔었습니다.
A : 누구와 갔습니까?
B : 유리와 함께요.
   그는 어제 기분이 좋지 않아 보였습니다.

주 кажется(мне 생략) : ~인 듯 보이다. 느껴지다.

72. Боюсь, что нет
바유시 쉬또 네뜨

A: Откуда вы приехали в Сеул?
오뜨꾸다 브이 쁘리예할리 브 세울

B: Из Москвы.
이즈 마스끄브이

A: Я уверен, что наша команда
야 우베롄 쉬또 나샤 꼬만다

будет выиграть мятч по
부지뜨 브이이그라찌 먀치 빠

футболу. А вы?
풋볼루 아 브이

B: Боюсь, что нет.
바유시 쉬또 네뜨

72. 아닐 것 같습니다

A : 어디에서 서울까지 오셨습니까?
B : 모스끄바에서요.
A : 저는 우리 팀이 축구경기에서
    이길 것이라고 확신합니다.
    당신은요?
B : 아닐 것 같은데요.

주 бояться : 무서워하다. 염려하다.

73. Когда вы встаёте?
꺼그다 브이 프스따요쩨

A : Когда вы встаёте?
꺼그다 브이 프스따요쩨

B : В половине восьмого
브 빨로비녜 바시모보

A : Вы делаете утреннюю
브이 젤라이쩨 우뜨렌뉴유

зарядку?
자랴드꾸

B : К сожалению, нет.
끄 싸좔례니유 녜뜨

A вы?
아 브이

A : Я делаю по утрам.
야 젤라유 빠 우뜨람

73. 언제 일어나십니까?

A : 당신은 언제 일어나십니까?
B : 7시 30분에요.
A : 아침 체조를 하십니까?
B : 유감스럽지만 하지 않습니다.
    당신은요?
A : 저는 아침마다 합니다.

주 зарядка : 체조
    по утрам : 아침마다.

74. Мой любимый вид спорта теннис
모이 류빔므이 비드 스뽀르따 쩨니스

A : Ты любишь спорт?
뜨이 류비쉬 스뽀르뜨

B : Очень.
오첸

　　Мой любимый вид спорта
　　모이 류빔므이 비드 스뽀르따

　　теннис
　　쩨니스

A : Как часто занимаешься
깍 차스또 자니마이샤

спортом?
스뽀르똠

B : Два раза в неделю я хожу
드바 라자 브 니젤유 야 하주

на теннисный корт.
나 쩨니스느이 꼬르뜨

74. 제가 좋아하는 스포츠 종류는 테니스입니다

A : 스포츠 좋아하니?

B : 굉장히.

내가 좋아하는 스포츠는 테니스야.

A : 얼마나 자주 스포츠에 열중하니?

B : 일주일에 두번씩 테니스 코트에 가고 있어.

주 вид : 모습, 형태

75. Пустяки ничего страшного

A : Игорь, ты не хочешь поехать в бассейн завтра?

B : Простите, Алексей.

Завтра я встречусь одного из своих знакомых.

Он обещал прийти ко мне.

A : Пустяки ничего страшного.

Я пообещаю другому другу.

B : Давай поедем вместе в будущем.

A : Хорошо, до свидания.

75. 아무것도 아닙니다

A : 이고리, 내일 수영장 가지 않겠니?
B : 미안해, 알렉세이.
  내일 나는 아는 사람 중 한 명을
  만날 거야.
  그가 내게로 오겠다고 약속했거든.
A : 전혀 신경쓸 것 없어.
  나는 다른 친구랑 약속할 거야.
B : 나중에 함께 가자.
A : 그래, 안녕

주 пустяк : 시시한 일. 아무일도 아니다.
страшный : 지독한, 극단적인

76. Я мечтаю стать футболистом
야 메치따유 스따찌 풋볼리스똠

A: Семён, ты не знаешь, где
세몬 뜨이 녜 즈나이쉬 그제

мой мяч?
모이 먀치

B: Кажется, я его видел за
까줴짜 야 이보 비젤 자

шкафом или под шкафом.
쉬까폼 일리 뽀트 쉬까폼

A: Какой вид спорта ты любишь
까꼬이 비드 스뽀르따 뜨이 류비쉬

больше всего?
볼쉐 프셰보

B: Футбол, а ты?
풋볼 아 뜨이

A: Я тоже футбол.
야 또줴 풋볼

Я мечтаю стать футболистом.
야 메치따유 스따찌 풋볼리스똠

76. 저는 축구선수가 되는걸 꿈꿉니다

A : 세묜, 내 공이 어디 있는지 모르니?
B : 장롱 뒤인지, 장롱 밑인지에서 본 것 같은데.
A : 어떤 스포츠를 가장 좋아하니?
B : 축구, 넌?
A : 나 역시 축구야.
　　나는 축구 선수가 되기를 바래.

주　Кажется : ～인 듯 느껴지다.
　　стать+조격 : ～이 되다.

77. Вы умеете играть на гитаре?
브이 우메이쩨 이그라찌 나 기따례

A : Вы умеете играть на гитаре?
브이 우메이쩨 이그라찌 나 기따례

B : Не могли бы вы говорить
네 마글리 브이 브이 거버리찌

немного погромче?
니므노거 빠그롬체

A : Охотно, вы умеете играть
아호뜨나 브이 우메이쩨 이그라찌

на гитаре?
나 기따례

B : Нет, я не умею.
녜뜨 야 네 우메유

Но я умею играть на рояле.
노 야 우메유 이그라찌 나 로얄례

77. 기타 칠 줄 아세요?

A : 당신은 기타 칠 줄 아세요?
B : 조금 더 크게 얘기해 주실 수 없을까요?
A : 기꺼이, 기타 칠 줄 아세요?
B : 아니요, 전 못해요.
　　그렇지만 피아노는 칠 수 있어요.

주　играть＋на＋전치격 : ～연주하다.
　рояль : 피아노
　охотно : 기꺼이

78. Какие передачи вы любите?
까끼예 뻬리다치 브이 류비쩨

A : Виктор, что вы делаете
빅또르 쉬또 브이 젤라이쩨

после ужина?
뽀슬례 우쥐나

B : Обычно, я читал газету
아브이쉬노 야 치딸 가제뚜

или смотрю телевизор.
일리 스모뜨류 찔리비조르

A : Какие передачи вы любите
까끼예 뻬리다치 브이 류비쩨

смотреть по телевизору?
스모뜨례찌 빠 찔리비조루

B : Музыкальные передачи.
무지깔느이예 뻬리다치

78. 어떤 프로그램들을 좋아하십니까?

A : 빅또르, 저녁 식사 후엔 무엇을 하세요?
B : 보통, 신문을 읽거나 TV를 봅니다.
A : 어떤 프로그램들을 즐겨 보십니까?
B : 뮤지컬 프로그램들이죠.

주 передача : 프로그램

79. Включите, пожалуйста, телевизор!
브끌류치쩨 빠좔스따 찔리비조르

A : Что сегодня вечером будут
쉬또 시보드냐 볘체롬 부두뜨

передавать по телевизору?
뻬리다바찌 빠 찔리비조루

B : Включите, пожалуйста,
브끌류치쩨 빠좔스따

телевизор. Сейчас будет
찔리비조르 시차스 부지뜨

интересная передача.
인쩨례스나야 뻬리다차

A : У вас есть телевизионная
우 바스 예스찌 찔리비지온나야

программа?
쁘로그람마

B : Да, есть.
다 예스찌

A : Покажите мне, пожалуйста.
빠까쥐쩨 므녜 빠좔스따

79. TV를 켜 주십시오!

A : 오늘 저녁에는 TV에서 무엇을 방송합니까?

B : TV를 켜주십시오.
지금 재미있는 프로그램이 방송될 겁니다.

A : TV 프로그램을 갖고 계십니까?

B : 네, 있습니다.

A : 제게 좀 보여주십시오.

주　поредавать : 방송하다.
включить : 스위치를 켜다.
телевизионный : TV 의
показать : 보여주다.

80. Можно её взять?
모쥐노 예요 브쟈찌

A : Вы уже прочитали эту
브이 우제 쁘로치딸리 에뚜

газету?
가제뚜

B : Да, прочитал.
다 쁘로치딸

A : Можно её взять?
모쥐노 예요 브쟈찌

B : Возьмите, пожалуйста.
바지미쩨 빠좔스따

A : Спасибо.
스빠시바

80. 가져가도 됩니까?

A : 이 신문 다 보셨습니까?
B : 네, 다 봤습니다.
A : 가져가도 될까요?
B : 가지세요.
A : 고맙습니다.

주 взять : 갖다. 가져가다.

81. Кто же этого не хочет!
히또 줴 에떠보 녜 호쳇

A : Вы часто ходите в театр?
브이 차스또 하지쩨 브 찌아뜨르

B : К сожалению не часто.
끄 싸좔례니유 녜 차스또

Я занят.
야 자냐뜨

A : Вы не хотите ходить
브이 녜 하지쩨 하지찌

в театр?
브 찌아뜨르

B : Кто же этого не хочет!
히또 줴 에떠보 녜 호쳇

Конечно, хочу.
까녜쉬노 하추

81. 그 누가 그걸 싫어하겠습니까!

A : 당신은 자주 극장에 가십니까?
B : 유감스럽게도 자주는 아닙니다.
　　저는 바빠요.
A : 극장에 가는 걸 좋아하지 않으세요?
B : 누가 좋아하지 않겠어요!
　　물론 좋아합니다.

주　театр : 연극극장

82. Кокой фильм идёт?
까꼬이 필름 이죠뜨

A : Что вы будете делать завтра?
쉬또 브이 부지쩨 젤라찌 잡뜨라

B : Ещё не знаю.
이쇼 녜 즈나유

А вы?
아 브이

A : Давайте пойдём на выставку!
다바이쩨 빠이죰 나 브이스따브꾸

B : Нет, Давайте лучше
녜뜨 다바이쩨 루쉐

посмотрим новый фильм.
빠스모뜨림 노브이 필름

A : Какой фильм идёт в кино
까꼬이 필름 이죠뜨 프 끼노

теперь?
찌뼬리

B : Я узнаю
야 우즈나유

82. 어떤 영화가 상영됩니까?

A : 내일 뭐 하실 거예요?
B : 아직 모르겠습니다.
　　당신은?
A : 박람회에 갑시다!
B : 아니요, 새로운 영화를 보는 게
　　낫겠습니다.
A : 극장에선 지금 어떤 영화가
　　상영됩니까?
B : 제가 알아보죠.

주 кино : 영화극장
　 узнать : 알다의 완료형
　 *완료의 현재 인칭변화는 быть 보다
　 강한 의지의 미래를 나타낸다.

83. Пойдём завтра в кино!
빠이좀 잡뜨라 프 끼노

A : Оля, пойдём завтра в кино?
올랴 빠이좀 잡뜨라 프 끼노

B : С удовольствием, согласна.
수다볼스뜨비옘 사글라스나

Где мы встретимся?
그졔 므이 브스뜨레찜샤

A : Около кинотеатра.
오깔로 끼노찌아뜨라

Нет, нет, на скамейке
녜뜨 녜뜨 나 스까몌이꼐

напротив памятника.
나쁘로찝 빠먀뜨니까

B : Только не опаздывай!
똘꼬 녜 아빠즈드이바이

Помни, в семь часов.
뽐니 브 셈 치숩

83. 내일 극장 갑시다!

A : 올랴, 내일 극장 갈래?
B : 그래, 그러자.
　　어디서 우리 만날까?
A : 영화관 근처에서.
　　아니, 아니. 동상 맞은 편 벤치에서.
B : 절대 늦지마!
　　기억해, 7 시야.

주 согласен : 동의하다.
　скамейк : 벤치
　напротив (+생격) : ~맞은 편에
　помятник : 기념물, 동상

84. В котором часу начнётся

A : В котором часу начнётся следующий сеанс?

B : Двадцать минут второго.

A : А билеты ещё есть?

B : Есть.

Сколько билетов вам нужно?

84. 몇 시에 시작됩니까?

A : 몇 시에 다음 상영이 시작됩니까?
B : 1시 20분입니다.
A : 표가 아직 있습니까?
B : 있습니다.
  몇 장이 필요하세요?

수 сеанс : 상영
  билет : 표

85. Вам скучно?
밤   스꾸치노

A : Вам скучно?
밤   스꾸치노

B : Да, немного.
다   니므노거

A : Почему?
빠체무

Вам не нравится этот фильм?
밤 네 느라비쨔 에떠뜨 필름

B : Потому что, я увидел этот
빠따무   쉬또 야 우비젤 에떠뜨

фильм давно.
필름   다브노

A : Жаль, лучше на стадион!
좔   무쉐   나   스따지온

85. 지루하십니까?

A : 지루하세요?
B : 네, 조금.
A : 왜요?
　　이 영화가 맘에 들지 않으세요?
B : 왜냐면, 오래 전에 이 영화를
　　봤었거든요.
A : 저런, 경기장에 갈걸!

주　лучше : 더 나은

86. Какие красивые туфли!
까끼예 끄라시브이예 뚜플리

А : Ну, какие красивые домашние
누 까끼예 끄라시브이예 다마쉬니예

туфли!
뚜플리

В : Эти очень мне нравятся
에찌 오첸 므녜 느랴뱌쨔

тоже, и эти дешевы.
또줴 이 에찌 제셰브이

А : Почему вы не купите?
빠체무 브이 녜 꾸삐쩨

В : Потому что, у меня нет денях
빠따무 쉬또 우 미냐 녜뜨 제냐흐

сейчас.
시:차스

А : Жаль.
좔

86. 정말 예쁜 신발이로군!

A : 오, 정말 예쁜 실내화로군!
B : 그건 제 맘에도 들고 또 값도 저렴하군요.
A : 왜 사지 않으세요?
B : 왜냐면 지금은 돈이 없거든요.
A : 저런.

주 туфли : 신발들(켤레)
дешёвый : 저렴한
*какой＋형용사＋명사！: 감탄문

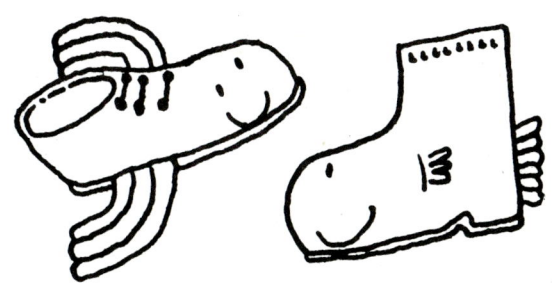

87. Голубой иодойдёт вам

A : Степан, будьте добры, помоги мне выбрать галстук.

A : Какой цвет ты хочешь?

A : Ну, красный?

B : Нет, по моему, голубой подойдёт тебе.

A : Хорошо, я его возьму.

87. 푸른 색이 당신에게 어울립니다

A : 스테판, 넥타이 고르는 것 좀 도와주게나.
B : 어떤 색깔을 원하나?
A : 글쎄, 붉은 색?
B : 아니야, 내 생각으론 푸른색이 자네에겐 어울리네.
A : 좋아, 난 이걸 갖겠네.

주 выбрать : 고르다.
красный : 붉은
голубой : 푸른
подойти : 어울리다, 적합하다.

88. Покажите мне эту юбку
빠까쥐쩨 므녜 에뚜 유브꾸

A : Покажите мне эту юбку,
빠까쥐쩨 므녜 에뚜 유브꾸

пожалуйста.
빠좔스따

B : Какой размер?
까꼬이 라즈메르

A : У вас есть юбка 40-го
우 바스 예스찌 유브까 소록꺼보보

размера. третий рост?
라즈메라 뜨례찌이 로스드

B : Конечно. Вот здесь.
까녜쉬노 보뜨 즈졔시

A : Я хочу примерить эта юбка.
야 하추 쁘리메리찌 에따 유브까

B : Хорошо.
하라쇼

A : Эта юбка широка мне.
에따 유브까 쉬로까 므녜

Можно посмотреть другая?
모쥐노 빠스모뜨례찌 드루가야

88. 이 치마를 보여 주세요

A : 이 치마를 좀 보여주세요.
B : 치수가 어떻게 되세요?
A : 40치수, 길이 3인 치마가 있습니까?
B : 물론입니다. 여기 있군요.
A : 전 이 치마를 입어보고 싶은데요.
B . 좋습니다.
A : 이 치마는 제게 통이 크군요.
　　다른 걸로 볼 수 있을까요?

주　примерить : 시도하다.
　　широкий : 넓은

89. Это для меня дорого

A : Покажите, пожалуйста,

чёрный костюм

B : Вот.

A : Этот мне не идёт. У вас

есть костюмы другого цвета?

B : Да, есть и другие. У вас

зелёные глаза, и вам

идёт зелёный цвет.

A : Сколько стоит этот костюм?

B : Пять рублей.

A : Это для меня дорого.

89. 제게는 비싼 값이군요

A : 검은 색 양복 좀 보여주세요.
B : 자 여기 있습니다.
A : 이건 제게 안 어울리는군요.
　　다른 색깔의 양복들도 있습니까?
B : 네 있습니다.
　　당신은 녹색 눈동자를 가졌으므로,
　　녹색이 당신에겐 어울립니다.
A : 이 양복 얼마죠?
B : 5 루블입니다.
A : 제게는 비싼 값이군요.

주 глаз : 눈동자

90. Где можно купить сыр?
그제 모쥐노 꾸삐찌 쓰이르

A : Где можно купить сыр?
그제 모쥐노 꾸삐찌 쓰이르

B : На втором этаже.
나 브따롬 에따줴

Там продуктый магазин.
땀 쁘로둑뜨이 마가진

A : Вы не знаете, сколько
브이 네 즈나이쩨 스꼴꼬

стоит триста грамм сыру?
스또이뜨 뜨리스따 그람 스이루

B : Я не знаю.
야 니 즈나유

A : Спасибо.
스빠시바

B : Ничего
니체보

90. 치즈는 어디서 살 수 있습니까?

A : 치즈는 어디서 살 수 있습니까?
B : 2층에서요.
    거기엔 식료품 가게가 있습니다.
A : 치즈 300그램에 얼마나 하는지
    모르세요?
B : 모르겠군요.
A : 감사합니다.
B : 별로요.

주 сыр : 치즈
   сыру : 치즈의 특수생격.

91. В каком отделе продают яйцо?
브 까꼼 앗젤례 쁘로다유뜨 이:쪼

A : Скажите, пожалуйста, в каком
스까쥐쩨 빠좔스따 브 까꼼

отделе продают яйцо?
앗젤례 쁘로다유뜨 이:쪼

B : В мясном отделе.
브 미스놈 앗젤례

A : Спасибо.
스빠시바

A : Дайте полкило масла и
다이쩨 뽈낄로 마슬라 이

десяток яиц.
지샤똑 이:츠

Сколько всё это стоит?
스꼴꼬 프쇼 에떠 스또이뜨

B : Два рубля двадцать копеек.
드바 루블랴 드바드짜찌 까뻬이끄

Платите в кассу, пожалуйста.
쁠라찌쩨 브 까쑤 빠좔스따

91. 달걀은 어디에서 팝니까?

A : 어느 부서에서 달걀을 파는지 좀
　　애기해 주세요?
B : 육류품 부에서 팝니다.
A : 감사합니다.
A : 버터 반 킬로와 달걀 10개 주세요.
　　모두 얼마입니까?
B : 2 루블 20까뻬이까입니다.
　　카운터에서 지불하시기 바랍니다.

주　продавать : 팔다.
　　масло : 버터, 기름

92. Приятного оппетита!
쁘리야뜨노보   아뻬찌따

A : Официант, эти места свободны?
아피치안뜨   에찌   미스따   스바보드느이

B : Да, свободны.
다   스바보드느이

A : Дайте, пожалуйста, меню.
다이쩨   빠좔스따   메뉴

B : Что вы хотите заказать?
쉬또 브이   하찌쩨   자까자찌

A : Принесите хлеб, салат,
쁘리녜시쩨   흘례프   살라뜨

и сыр, пожалуйста.
이 쓰이르   빠좔스따

B : Вот, приятного аппетита!
보뜨   쁘리야뜨노보   아뻬찌따

92. 맛있게 드십시오!

A : 웨이터, 이 자리가 비었습니까?
B : 네, 비었습니다.
A : 메뉴를 주세요.
B : 무엇을 주문하시겠습니까?
A : 빵, 샐러드, 그리고 치즈를 갖다주세요.
B : 여기 있습니다. 맛있게 드세요!

주 приятный : 기분이 좋은, 즐거운
аппетит : 식욕, 흥미

93. Я проголодался
야 쁘로갈로달샤

A : Я что-то проголодался.
야 쉬또 또 쁘로갈로달샤

Что вы берёте на первое?
쉬또 브이 베료쩨 나 뻬르보예

Я беру салат.
야 베루 살라드

Это очень вкусно здесь.
에떠 오첸 브꾸스노 즈제시

B : Я беру суп.
야 베루 수쁘

Я ем на завтрак только суп.
야 옘 나 잡드락 똘꼬 수쁘

A : Разве?
라즈볘?

93. 난 배가 고팠습니다

A : 난 뭔가 식욕을 느끼는데.
　　우선 무엇부터 드실 겁니까?
　　저는 샐러드를 먹겠습니다.
　　여기선 샐러드가 맛있습니다.
B : 저는 스프를 먹겠습니다.
　　저는 아침식사로 스프만을 먹습니다.
A : 그래요?

주 проголодаться : 식욕이나 시장기를 느끼다.
　　взять : 가지다. (여기서의 뜻은 먹다)
　　вкусно : 맛있다.

94. Вы обедали уже?
브이 아베달리 우쩨

A: Добрый день, Нина!
도브르이 젠 니나

B: Добрый день, Игорь.
도브르이 젠 이고리

Вы обедали уже?
브이 아베달리 우쩨

A: Нет.
녜뜨

Я только что собираюсь
야 똘꼬 쉬또 사비라유시

пойти в столовую.
빠이찌 브 스딸로부유

B: Давайте пойдём в столовую
다바이쪠 빠이좀 브 스딸로부유

в углу улицы.
브 우중루 울리츠이

A: С удовольствием.
수다볼스뜨비엠

94. 벌써 점심 드셨어요?

A : 안녕하세요, 니나!
B : 안녕하세요 이고리!
　　점심식사 하셨어요?
A : 아니요.
　　전 지금 막 식당으로 가려던 참이예요.
B : 거리 모퉁이에 있는 식당으로 가요.
A : 좋습니다.

주 доброе утро : 안녕하세요. (아침인사)
　 добрый день : 안녕하세요. (낮인사)
　 добрый вечер : 안녕하세요 (저녁인사)

95. Здесь большой выбор блюд
즈제시 라즈느이 브이보르 블류드

A : Здесь разный выбор блюд!
즈제시 라즈느이 브이보르 블류드

Что мы закажем?
쉬또 므이 자까젬

B : Какое ваше любимое блюдо?
까꼬예 바쉐 류빔모예 블류더

A : Я люблю рыбные блюда
야 류블류 르이브느이예 블류다

А вы любите рыбные блюда?
아 브이 류비쩨 르이브느이예 블류다

B : Да. очень.
다 오쳰

Я буду есть судака по-
야 부두 예스찌 수다까 빠

польски.
뽈스끼

95. 여기는 메뉴 선택이 다양합니다

A : 여긴 메뉴가 다양하군요!
   뭘 주문할까요?
B : 좋아하는 요리가 어떤 거예요?
A : 저는 생선요리를 좋아합니다.
   당신은 생선 요리를 좋아하세요?
B : 네, 매우 좋아합니다.
   저는 폴란드식 수닥을 먹겠습니다.

주 большой : 큰　　　судак : 농어 비슷한 생선.
　выбор : 선택
　блюдо : 요리

96. Я выпью чай
야 브이삐유 차이

A : Садитесь! Это моя комната
싸지쩨시 에떠 마야 꼼나따

Вы не хотите пить что-то?
브이 녜 하찌쩨 삐찌 쉬또 또

B : Я выпью чай.
야 브이삐유 차이

A : С лимоном или без лимона?
스 리모놈 일리 베스 리모나

B : С лимоном.
스 리모놈

C : Мне что-нибудь.
므녜 쉬또 니부지

D : А я чёрный кофе, без
아 야 쵸르느이 꼬폐 베스

сахара.

Я не люблю сладкого
야 니 류블류 슬라드꼬보

96. 저는 차를 마시겠습니다

A : 앉으세요! 이게 제 방이에요.
　　뭐 좀 마시지 않으시겠어요?
B : 전 차를 마시겠습니다.
A : 레몬을 넣을까요, 넣지 말까요?
B : 넣어 주세요.
C : 제겐 아무거나 주세요.
D : 전 설탕없이 블랙 커피를 마시겠어요.
　　전 단 게 싫어요.

주　выпить 마시다 пить 의 완료형.

97. В Гостинице

A : Я бы хотел получить номер для одного с ванной и телефоном.

B : Как долго вы пробудете здесь?

A : Не Знаю точно.

B : Заполните листок, пожалуйста.

Вот ключ от вашего номера.

С удобствами.

A : Спокойной ночи!

97. 호텔에서

A : 욕실과 전화가 딸린 1인용 방 하나를 원합니다.
B : 여기서 얼마나 오래 머무실건가요?
A : 정확히는 모르겠군요.
B : 숙박계를 쓰세요.
　　당신방의 열쇠입니다.
　　편안히 지내세요.
A : 편안한 밤이길 !

주　гостиница : 호텔, 여관
　　номер : 방번호
　　ванная : 욕실
　　пробыть : 머물다. 남다.
　　заполнить : 채우다.

98. У врача
우 브라촤

A : Что у вас болит?
쉬또 우 바스 볼리뜨

B : Врач, простуда, по-моему.
브라치 쁘로스뚜다 빠 마예무

A : Какая у вас температура?
까까야 우 바스 쩸뻬라뚜라

B : Сегодня утром больше
시보드냐 우뜨롬 볼쉐

тридцати девяти.
볼쉐 뜨리드짜찌 졔비찌

A : Посмотрим.
빠스모뜨림

98. 의사가 방문해서

A : 어디가 아프세요?
B : 제 생각으론 감기입니다. 의사선생님.
A : 열은 어떠세요?
B : 오늘 아침엔 39도를 넘었습니다.
A : 봅시다.

주 врач : 의사
　　простуда : 감기

99. У зубного врача
우 주브노버 브라촤

A : Здравствуйте, доктор.
즈드라스부이쩨 독또르

B : Здравствуйте.
즈드라스부이쩨

Садитесь, на что жалуетесь?
자지쩨시 나 쉬또 좔루이쩨시

A : Уже несколько дней у меня
우줴 니스꼴꼬 드녜이 우 미냐

болит зуб.
볼리뜨 주브

B : Раскройте рот, посмотрим
라스끄로이쩨 로뜨 빠스모뜨림

ваши зубы. К сожалению,
바쉬 주브이 끄 사좔례니유

придётся удалить. Зайдите ко
쁘리죠쨔 우다리쩨 자이지쩨 까

мне, пожалуйста, завтра.
므녜 빠좔스따 잡뜨라

A : Завтра пятница···. Херошо.
잡뜨라 빠뜨니차 하라쇼

Спасибо, до свидания, доктор.
스빠시바 다 스비다니야 독또르

99. 치과에서

A : 안녕하세요, 의사 선생님.
B : 안녕하세요.
앉으세요, 어디가 불편하세요?
A : 벌써 며칠 째 이빨이 아파요.
B : 입을 여세요, 당신 이빨을 봅시다.
유감스럽게도, 뽑아야겠군요.
내일 제게 들러주세요.
A : 내일이 금요일……
좋습니다.
고맙습니다. 안녕히 계세요,
의사선생님.

주 жаловаться : 푸념하다, 호소하다.
раскрыть : 열다, 보이다.
прийтися : 적합하다. ～하게 되다.
удалить : 뽑다.

100. В парикмахерской
프　빠리끄마히르스꼬이

A : Садитесь, пожалуйста.
싸지쩨시　　　　빠좔스따

Что вам угодно?
쉬또　밤　두고드노

B : Мне надо подстричься.
므녜　나도　빠드스뜨리짜

Немного коротко.
니므노거　까로뜨꼬

— Через несколько минут -
체레스　니스꼴꼬　미누뜨

A : Так вам нравится?
딱　밤　느라비쨔

B : Прекрасно, спасибо.
쁘렉라스나　스빠시바

100. 이발소에서

A : 좀 앉으세요.
  무엇을 해 드릴까요?
B : 머리를 잘라주세요.
  조금 짧게요.
  ―몇 분 뒤―
A : 맘에 드세요?
B : 훌륭해요, 고맙습니다.

주 парикмахерская : 이발소.
  подстричь : 이발하다.

101. Я хочу завить волосы
야 하추 자비찌 볼로스이

А : Садитесь, пожалуйста.
싸지쩨시 빠좔스따

А : Мне долго придётся ждать?
므녜 돌거 쁘리죠쨔 쥐다찌

А : Нет, перед вами ещё только
네뜨 뻬레드 바미 이쇼 똘꼬

один.
아진

Следующая ваша очередь.
슬레두유샤야 바샤 아체례지

В : Хорошо.
하라쇼

Я хочу завить волосы.
야 하추 자비찌 볼로스이

Перманент.
뻬르마넨드

101. 머리를 퍼머하고 싶습니다

A : 좀 앉으세요.
B : 오래 기다려야 하나요?
A : 아닙니다, 당신 앞에는 딱 한 명입니다.
   다음이 당신 차례입니다.
B : 좋습니다.
   저는 머리를 퍼머하고 싶습니다.

주 очередь : 차례
  завить : 퍼머하다. 곱슬거리게 하다
  перманент : 퍼머넨트

102. Посоветуйте!
빠사볘뚜이쩨

A: Молодец, можно вас на
멀로제츠 모쥐노 바스 나

минутку?
미누뜨꾸

B: Можно
모쥐노

A: Посоветуйте, какую игру
빠사볘뚜이쩨 까꾸유 이그루

смотреть.
스모뜨례찌

B: Очень просто.
오첸 쁘로스또

Смотрите игру, можно купить
스모뜨리쩨 이그루 모쥐노 꾸삐찌

билет еще.
빌례뜨 이쑈

A: Подержите, пожалуйста,
빠졔르쥐쩨 빠좔스따

мой чемодан.
모이 치마단

Мне надо купить билет.
므녜 나도 꾸삐찌 빌례뜨

102. 충고좀 해주십시요

A : 젊은이, 잠깐만 실례합시다?
B : 네.
A : 어떤 경기를 봐야할지 충고좀 해 주시게.
B : 매우 간단합니다.
 아직 표를 살 수 있는 경기를
 보십시오.
A : 내 가방을 좀 들어주게.
 표를 사야겠네.

주 чемодан : 여행가방

103. Где олимпийские игры?
그제 올림삐이스끼예 이그르이

A : Вы Знаете, где будут
쁘이 즈나이쩨 그제 부두뜨

следующие олимпийские игры?
슬레두유쉬예 올림삐이스끼예 이그르이

B : В Сеуле.
브 세울례

A : Как часто олимпийские игры
깍 차스또 올림삐이스끼예 이그르이

проходят?
쁘로 호쟈뜨

B : Один раз в каждый четвёрты
아진 라스 브 까쥐드이 치뜨뵤르뜨이

года.
고다

103. 올림픽은 어디에서 열립니까?

A : 다음 올림픽이 어디에서 있는지
    아십니까?
B : 서울에서 있습니다.
A : 올림픽은 얼마나 자주 열립니까?
B : 매 4년마다입니다.

주 проходить : 수행하다.

104. Какой символ у вас?
까꼬이 심볼 우 바스

A: Какой символ у вас на
까꼬이 심볼 우 바스 나

следующей олимпиаде в Сеуле?
슬레두유쉐이 올림삐아제 브 세울례

B: У меня тигр.
우 미냐 찌그르

A: Когда начинается олимпиада?
꺼그다 나치나이쨔 올림삐아제

B: В сентябре 1988 года.
브 센쨔브례 뜨이샤차 제비찌소뜨
보셈지샤뜨 바시모보 고다.

104. 상징이 무엇입니까?

A : 다음 서울 올림픽의 상징은 무엇입니까?
B : 호랑이입니다.
A : 올림픽은 언제 시작됩니까?
B : 1988년 9월입니다.

105. Добро пожаловатв!

A : Добро пожаловать!

Как вы доехали?

B : Хорошо, большое спасибо, что

вы пришли нас встретить.

A : Желаю вам приятного пребывания

в нашей стране!

B : Благодарю вас за дружеский

приём.

105. 잘 오셨습니다

A : 잘 오셨습니다.
오시는 중은 어떠셨습니까?
B : 좋았습니다. 우리를 마중해 주셔서
매우 감사합니다.
A : 저희 나라에서 즐거운 체류기간을
가지시길 바랍니다.
B : 우정어린 환영에 감사드립니다.

106. Какова площадь СССР?
까꼬바 쁠로샤지 에세세세르 (에스에스에스에르)

A : Какова площадь СССР?
까꼬바 쁠로샤지 에세세세르

B : Площадь СССР-
쁠로샤지 에세세세르

около двадцати двух целых и
오깔로 드밧짜찌 드부흐 쩰르이흐 이

четырёх десятых миллиона
치뜨이료흐 제샤뜨이흐 밀리오나

квадратных километров.
끄바드라뜨느이흐 낄로미뜨롭

A : Какая большая страна!
까까야 볼샤야 스뜨라나

Каково население СССР?
까꼬보 나셀례니예 에세세세르

B : Население СССР
나셀례니예 에세세세르

составляет двести шестьдесят
싸스따블라이뜨 드볘스찌 쉐스찌지샤뜨

два миллиона четыре ста сорок
드바 밀리오나 치뜨례 스따 소록

две тысячи человек.
드볘 뜨이샤치 칠라볙

106. 소련의 면적은 얼마입니까?

A : 소련의 면적은 얼마입니까?
B : 약 2240만 km²입니다.
A : 오 매우 큰 나라이군요!
　　소련의 인구는 얼마입니까?
B : 2억 6244만 2000명입니다.
　　　(1979년 1월 현재)

107. Я люблю русскую живопись
야 류블류 루스꾸유 쥐보삐시

A : Я люблю русскую живопись.
야 류블류 루스꾸유 쥐보삐시

B : Кто ваш любимый художник?
끄또 바쉬 류빔므이 후도쥐닉?

A : Я люблю Шагала.
야 류블류 샤갈라

Его искусство отражает
이보 이스꾸스뜨보 오뜨라좌이뜨

горе жизни.
고례 쥐즈니

B : Вы не любите русскую музыку?
브이 네 류비쩨 루스꾸유 무지꾸

A : Нет, тоже люблю.
네뜨 도줴 류블류

Особенно люблю русские
아쏘벤노 류블류 루스끼예

народные песни.
나로드느이예 뻬스니

107. 저는 러시아 그림을 좋아합니다

A : 저는 러시아 그림을 좋아합니다.
B : 어느 화가를 좋아하십니까?
A : 저는 샤갈을 좋아합니다.
   그의 예술은 생의 애상을 담고 있습니다.
B : 러시아 음악은 좋아하지 않습니까?
A : 아니오, 역시 좋아합니다.
   특히 러시아 민요들을 좋아합니다.

108. Вы верите в бога?
브이 볘리쩨 브 보가

A : Вю верите в бога?
브이 볘리쩨 브 보가

B : Нет, я атейст.
녜뜨 야 아쩨이스뜨

A вы?
아 브이

A : Я верю в бога.
야 볘류 브 보가

B : Какая у вас вера?
까까야 우 바스 볘라

A : Я христианин.
야 흐리스찌아닌

Я пробую молиться часто.
야 쁘로부유 몰리쨔 차스떠

108. 당신은 신을 믿습니까?

A : 당신은 신을 믿습니까?
B : 아니요, 저는 무신론자입니다.
　　당신은요?
A : 저는 신을 믿습니다.
B : 어떤 종교를 갖고 계세요?
A : 저는 기독교 신자입니다.
　　저는 자주 기도하려고 노력합니다.

109. **Этот стадион хорошо оборудован**

A : Где будет проходить финальная игра?

B : В этом стадионе.

A : Сколько зрителей вмещает этот стадион?

B : Около пятидесяти тысяч челавеков.

A : Этот стадион хорошо оборудован!

Я хотел бы посмотреть финальную итру.

109. 이 경기장은 시설이 좋습니다

A : 어디에서 결승전이 열립니까.
B : 이 경기장에서 입니다.
A : 이 경기장엔 관객이 얼마나 들어갈 수 있습니까?
B : 약 5 만입니다.
A : 이 경기장은 시설이 좋습니다!
   결승전을 보고 싶군요.

110. Чья команда выиграла?
치야 꼬만다 브이이그랄라

A : Чья команда выиграла?
치야 꼬만다 브이이그랄라

B : Наша команда выиграла.
나샤 꼬만다 브이이그랄라

A : Какой счёт?
까꼬이 스쵸뜨

B : Со счётом 4:2
사 스쵸똠 치뜨이례 드바

A : Какое место заняла
까꼬예 메스떠 자냘라

ваша команда?
바샤 꼬만다

B : Наша команда завоевал кубок.
나샤 꼬만다 자보예발 꾸복

110. 어느 팀이 이겼습니까?

A : 어느 팀이 이겼습니까?
B : 저희 팀이 이겼습니다.
A : 스코어는요?
B : 4 : 2 로 입니다.
A : 당신네 팀은 몇 위를 차지했습니까?
B : 저희 팀이 우승컵을 차지했습니다.

111. Вы путешествовали по
브이　　뿌찌쉐스뜨보발리　　빠

районну Кенчжу?
라이오누　경주

A : Какие места в корее больше
　　까끼예　메스따　브　까례예　볼쉐

всего посещаются туристами?
브세보　빠세솨유쨔　　뚜리스따미

B : Вы путешествовали по
　　브이　뿌찌쉐스뜨보발리　빠

районну Кёнчжу?
라이오누　경주

Кёнчжу древнейшие города кореи.
경주　　드레브녜이쉬예　고로다　까례이

A : Какие достапримечательности
　　까끼예　다스또쁘리몌차찔노스찌

вы советуете нам осмотреть?
브이　싸볘뚜이쩨　남　아스모뜨례찌

B : Я советую вам есмотреть
　　야　싸볘뚜유　밤　아스모뜨례찌

храм - Вулкук и Сэкулам.
흐람　불국　이　석굴암

111. 경주를 여행해 보셨습니까

A : 한국에서는 어떤 곳이 주요
　　관광지들입니까?
B : 경주를 여행해 보셨습니까?
　　경주는 한국의 옛도시입니다.
A : 어떤 명소를 구경하라고
　　추천하시겠습니까?
B : 불국사와 석굴암을 추천합니다.

112. Я хочу купить что-нибудь на память

A : Я хочу купить что-нибудь на память.

Что вы рекомендуете мне купить в качестве сувенира?

B : Я рекомендую вам купить корейскую куклу.

A : Где я могу сделать покупки на доллары?

B : Вы можете обменять деньги в банке.

112. 저는 뭔가 기념될 만한 것을 사고 싶습니다

A : 저는 뭔가 기념될 만한 것을 사고 싶습니다. 제게 기념품으로 무엇을 권하시겠습니까?
B : 한국 인형을 사길 권합니다.
A : 어디에서 달러로 구매를 할 수 있을까요?
B : 은행에서 환전이 가능합니다.

113. Когда вы уезжаете на родину?

А : Когда вы уезжаете на родину?

В : Я уезжаю завтра.

А : Какое впечатление произвела на вас поездка по нашей стране?

В : Я убедил в дружелюбии и миролюбии корейскго народа.

А : Да, наш народ хочет жить в мире и дружбе с народами соседних, и прожив ядерного оружия и его испытании.

113. 언제 귀국하십니까

A : 언제 귀국하십니까?
B : 내일 귀국합니다.
A : 저희 나라를 여행한 후 어떤
    인상을 받으셨습니까?
B : 저는 한국민족이 우호적이고
    평화애호적이라는 걸 확신했었습니다.
A : 그렇습니다. 저희(국민)는 이웃국민들과
    평화적이고 우호적으로 지내길 원하며
    핵무기와 그 실험에 반대하고 있습니다.

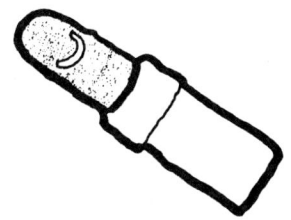

인쇄체의 대·소문자

А а 아	Б б 베	В в 붸
Г г 게	Д д 데	Е е 예
Ё ё 요	Ж ж 줴	З з 제
И и 이	Й й 이 끄라뜨꼬예	К к 까
Л л 엘	М м 엠	Н н 엔
О о 오	П п 뻬	Р р 에르
С с 에쓰	Т т 떼	У у 우
Ф ф 에프	Х х 하	Ц ц 쩨
Ч ч 체	Ш ш 샤	Щ щ 쉬차
Ъ ъ 뜨보르듸즈닉 (경음부)	Ы ы 의	Ь ь 마흐끼 즈닉 (연음부)
Э э 에	Ю ю 유	Я я 야

필기체의 대·소문자

Aa 아	*Бб* 베	*Вв* 붸
Гг 게	*Дд* 데	*Ее* 예
Ёё 요	*Жж* 줴	*Зз* 제
Ии 이	*Йй* 이 끄라뜨꼬예	*Кк* 까
Лл 엘	*Мм* 엠	*Нн* 엔
Оо 오	*Пп* 뻬	*Рр* 에르
Сс 에쓰	*Тт* 떼	*Уу* 우
Фф 에프	*Хх* 하	*Цц* 쩨
Чч 체	*Шш* 샤	*Щщ* 쉬차
Ъъ 뜨뵤르듸 즈낙 (경음부)	*Ыы* 의	*Ьь* 마흐끼 즈낙 (연음부)
Ээ 에	*Юю* 유	*Яя* 야

```
판 권
본 사
소 유
```

기초 러시아어 회화

2010년 5월 10일 재판
2010년 5월 20일 발행

지은이 / 편 집 부
펴낸이 / 최 상 일

펴낸곳 / 太乙出版社
서울특별시 중구 신당6동 52-107 (동아빌딩내)
등록 / 1973년 1월 10일 (제4-10호)

©2001, TAE-EUL publishing Co., printed in Korea
잘못된 책은 구입하신 곳에서 교환해 드립니다.

■ 주문 및 연락처

우편번호 100-456
서울특별시 중구 신당6동 52-107 (동아빌딩 내)
전화 / 2237-5577 팩스 / 2233-6166

ISBN 89-493-0215-2 13790